A Leoa Vegetariana

Este livro foi publicado com a intenção de proporcionar informações especializadas com relação ao assunto em questão. Embora tenham sido tomadas todas as precauções necessárias na preparação deste livro, o autor e o editor não podem ser considerados responsáveis por qualquer incorreção, omissão ou efeito adverso que possa resultar do uso ou aplicação da informação aqui contida. As técnicas e sugestões são colocadas em prática segundo o critério do leitor e não são substitutos para a visita ao veterinário. Se você suspeita de algum problema médico, consulte um veterinário da sua confiança.

Georges H. Westbeau

A Leoa Vegetariana

A incrível e comovente história de Little Tyke

Tradução
Gilson César Cardoso de Sousa

Editora
Pensamento
SÃO PAULO

Título original: *Little Tyke*.
Copyright © 1975 Pacific Press Publication Association, 1975.
Primeira edição, publicada em 1986 pela Quest Books, Theosophical Publishing House, P.O. Box 270 Wheaton, IL 60187.

Publicado originalmente em inglês mediante acordo com Theosophical Publishing House, 306 West Geneva Road, Wheaton, IL 60187 USA.

Todos os direitos reservados. Nenhuma parte deste livro pode ser reproduzida ou usada de qualquer forma ou por qualquer meio, eletrônico ou mecânico, inclusive fotocópias, gravações ou sistema de armazenamento em banco de dados, sem permissão por escrito, exceto nos casos de trechos curtos citados em resenhas críticas ou artigos de revistas.

A Editora Pensamento-Cultrix Ltda. não se responsabiliza por eventuais mudanças ocorridas nos endereços convencionais ou eletrônicos citados neste livro.

Dados Internacionais de Catalogação na Publicação (CIP)
(Câmara Brasileira do Livro, SP, Brasil)

Westbeau, Georges H.
  A leoa vegetariana : a incrível e comovente história de little Tyke / Georges H. Westbeau ; tradução Gilson César Cardoso de Sousa. — São Paulo : Pensamento, 2009.

  Título original: Little Tyke : the true story of a gentle vegetarian lioness.
  ISBN 978-85-315-1614-6
  1. Animais — Comportamento 2. Leões — Biografia 3. Little Tyke (Leoa) 4. Mamíferos I. Título.

09-10954   CDD-599.74428

Índices para catálogo sistemático:
1. Leões : Biografia : Mamíferos : Zoologia 599.74428

O primeiro número à esquerda indica a edição, ou reedição, desta obra. A primeira dezena à direita indica o ano em que esta edição, ou reedição, foi publicada.

Edição   Ano
1-2-3-4-5-6-7-8-9-10-11   09-10-11-12-13-14-15-16-17-18

Direitos de tradução para o Brasil
adquiridos com exclusividade pela
EDITORA PENSAMENTO-CULTRIX LTDA.
Rua Dr. Mário Vicente, 368 — 04270-000 — São Paulo, SP
Fone: 2066-9000 — Fax: 2066-9008
E-mail: pensamento@cultrix.com.br
http://www.pensamento-cultrix.com.br
que se reserva a propriedade literária desta tradução.

Índice

Prefácio 7
Prefácio à Edição Revista 9

Parte I

A Criação de um Filhote de Leão 13
Little Tyke e Pinky 23
Perseguida por Cães 29
Becky 32
Visitantes Demais? 36
A Vegetariana 39
O Coice da Mula Bonnie 42
Acidente de Automóvel 46
Vida em Comum 49
Viagem com uma Leoa 54
Oásis de Amor 58
Câmera! Ação! 64
No Zoológico 67
O Desfile 73
Primeira Neve 78
Terremoto 80
Puxando um Trenó 85
Uma Apresentação Pública 88

Imp	94
Um Grupo de Amigos	97
Na Televisão	99

Parte II
(Por Margaret Westbeau Gaia e Cal Cantrill)

Ensinando a Obedecer	113
Vigilância	118
O Coelho Desaparecido	122
O Pescador	124
O Pintor	127
Atacar!	129
A Vida com uma Leoa	131
Epílogo	137

Prefácio

Nascida de uma mãe confusa e frustrada, num dia sombrio de setembro, Little Tyke faria o mundo pensar de uma maneira nova. Iria despertar em nós ideias profundas e recordar-nos uma profecia bíblica. E exploraria nossa ternura mais sincera de um modo absolutamente inesperado.

Uma tragédia e um milagre ocorreriam em questão de minutos. A tragédia levou apenas alguns segundos. O milagre perduraria nove anos e, para muitos, perdura até hoje. Esta é a história real de um animal extremamente manso, a única leoa vegetariana do mundo conforme o "Acredite Se Quiser" de Robert Ripley.

Prefácio
à Edição Revista

Faz muitos anos que Little Tyke se foi e, durante todo esse tempo, tem havido grande interesse por sua vida. Jovens e velhos dos Estados Unidos e do mundo inteiro, mais recentemente da Índia, ainda comentam, me escrevem ou entram em contato comigo. Sem dúvida, o fascínio continua, sobretudo entre a nova geração dos que amam os animais. Por esse motivo, meu filho e eu reeditamos o relato, acrescentando-lhe novas histórias, aventuras e fotos da carinhosa leoa. Meu marido, Georges Westbeau, faleceu há algum tempo.

Existem ainda muitas histórias e aventuras de Little Tyke e outros animais da fazenda Hidden Valley para contar. Talvez façamos isso mais tarde, se Deus o permitir.

— Margaret Westbeau Gaia

Parte I

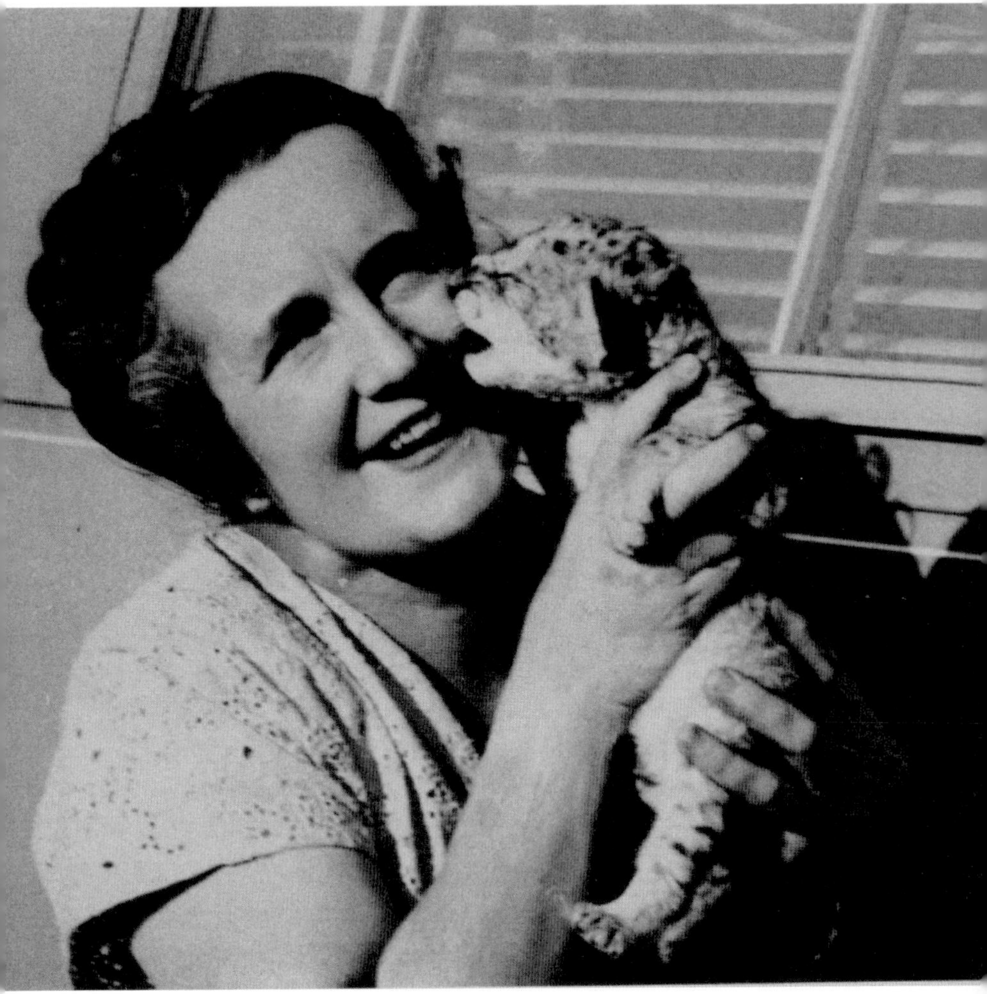

A Criação de um Filhote de Leão

O administrador e seu assistente estavam de pé, as mãos agarradas nervosamente às barras de ferro da jaula. Sabiam não poder fazer grande coisa com a fera enorme, agressiva, que andava de um lado para o outro lá dentro. Seus olhos sofridos, cor de âmbar, os desafiavam a não mais que um metro de distância. Com as garras nuas e as presas brilhantes, ela arremetia contra os dois homens, arranhando as barras que os separavam da morte certa.

Enquanto o administrador do zoológico aguardava ansiosamente junto ao compartimento da leoa, seus receios se transformaram de súbito em piedosa compreensão, pois percebeu que aquela violenta e frustrada leoa tinha um plano definido para seus filhotes prestes a nascer. Repetiria o que já fizera no passado. Quando os filhotinhos saíram para o mundo, ela os esmagou entre as poderosas mandíbulas, arremessou-os para o alto e atirou-os contra as pesadas barras da jaula, lançando-os ao chão como farrapos inertes. Sim, ela tinha um plano definido!

A furiosa leoa, que logo iria se tornar mãe pela quinta vez nos últimos sete anos, lutava desvairadamente contra as grades da prisão, obrigando as criaturas humanas a observá-la com curiosidade de uma "distância segura". Um tapume fora erguido às pressas em volta da jaula para garantir-lhe alguma privacidade, mas ainda não estava completo e viera muito tarde. Aparentemente, aquela mãe não se sentia nada segura por trás das frias barras de ferro. Seres humanos a haviam colocado lá. Irritaram-na, torturaram-na, saborearam sua agonia — e eram bem capazes de destruí-la.

Alguns resmungavam que aquela leoa era uma assassina nata, mas o administrador e seu assistente não pensavam assim. Tinham visto mães selvagens debruçadas sobre os filhotes mortos, gemendo aflitas como se quisessem trazê-los de volta à vida. Aquela mãe devia ter suas "razões" para destruir os recém-nascidos. Eles podiam nascer defeituosos; e os animais algumas vezes matam seus filhotes nessas condições.

De repente, houve um tumulto quando um recém-nascido foi atirado na direção dos dois homens. As mandíbulas rápidas e poderosas da mãe deixaram sua marca no pequenino: a perna direita da frente estava ferida. Num átimo, o administrador apossou-se do novo pupilo, que iria mudar minha vida e ensinar-me muita coisa.

O administrador era meu amigo e eu deveria visitar o zoológico um dia depois do nascimento. Quando cheguei, suas primeiras palavras foram: "Venha cá, quero lhe mostrar uma coisa". Levou-me a um cômodo nos fundos e lá estava, numa caixa, o filhotinho machucado. Vários pensamentos me cruzaram a mente enquanto matinha o pequenino bem perto do rosto, mas só consegui dizer: "Ah, pobre criaturinha!*"

Ser o protetor do filhote de uma leoa ensandecida era o que eu menos podia imaginar. Minha única recompensa seria a satisfação de verter meu amor inexplicável por animais sobre aquele bichinho ferido. Esse amor é parte de mim desde que me conheço.

Voltei para casa com a "criaturinha" (little tyke) ferida e sangrando. Ventos fortes dispersavam as nuvens e arrancavam folhas multicoloridas das árvores. Algumas flutuavam mansamente nas águas esmeraldinas do belo rio Green, que abria caminho sem pressa para o mar. Por uns três quilômetros suas águas brilhantes cortam a fazenda Hidden Valley. Na ocasião estavam muito serenas e imperturbáveis, mas eu me sentia excitado e inquieto ante a perspectiva de criar aquela bolinha de um quilo e meio, de pelo macio e denso.

Em casa, pavões curiosos espiavam do telhado e gatinhos observavam pelas frestas da cerca de madeira. Nossos dois cães *terrier* saltitaram alegremente à nossa volta quando minha esposa tomou nos braços a criatura indefesa. Mas, para aqueles olhos novos e ainda enevoados que viam a luz do dia pela primeira vez, este era um mundo vasto e — bem, só o que o filhotinho queria era uma mamadeira com leite quente.

---

* No original, "You poor little tyke".

Desde o início, Little Tyke, a leoazinha, conheceria a liberdade sem medo e o amor iluminaria seu caminho. Aqui encontraria os vários animais da fazenda Hidden Valley e se integraria a eles. Aqui cresceria forte e saudável.

Após cuidadoso exame, os veterinários sugeriram amputar a perna machucada. Soubemos que a glândula responsável pela lubrificação do cotovelo fora rompida pelas presas cruéis da mãe e o fluido, ao que parecia, estava provocando a deterioração da pele e da carne do membro. Pusemos a perna de Little Tyke em talas, besuntamos a ferida com os mais modernos medicamentos e a envolvemos em bandagens o mais firmemente possível. Mas, para a pequena criatura, que logo ao chegar a este mundo já sofrera dois golpes adversos, a vida era cruel; e ela fazia de tudo para, com seus pequenos dentes e mandíbulas, libertar a perna ferida.

Então minha mulher teve uma ideia criativa. Imaginou uma espécie de manga ou luva para a criaturinha. Recortou-a e costurou-a em tecido novo e limpo, e nós enfiamos nela a perna machucada e enfaixada. Funcionou, mas depois de dois dias a supuração havia saturado as bandagens e a manga. Aplicamos cuidadosamente mais remédios, faixas, talas e manga, experiências que no entanto, pela frequência, foram se tornando verdadeiros suplícios para o filhote indefeso. Percebi que a leoazinha logo iria associar aquela dor terrível a nós e certamente tenderia a se tornar violenta com a idade. Algo precisava ser feito. Alguma psicologia tinha de ser aplicada. Esse importante problema me acossou enquanto eu tentava dormir, à noite, entre os períodos de três horas de alimen-

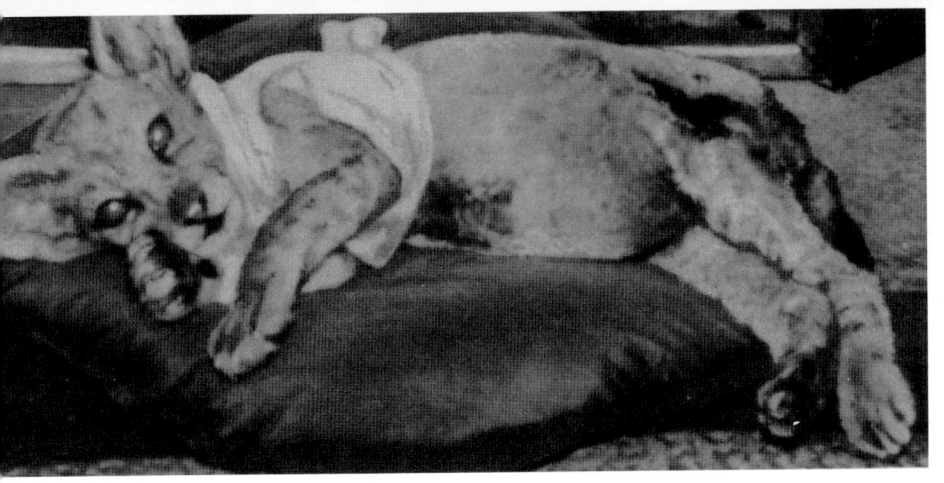

Talas e bandagens para Little Tyke.

tação. Então, uma ideia me ocorreu. Eu havia reparado há pouco num velho roupão de lã dependurado no porão. Fui lá apanhá-lo e dispus-me a uma nova abordagem.

Minha esposa e eu, à força de repetição, já estávamos muito hábeis nas tarefas que tínhamos de realizar. Chumaços de gaze eram cortados no tamanho certo e os medicamentos eram aplicados à perna. Cortávamos fita adesiva e prendíamos os pedaços a um cabide bem à mão, em cima da penteadeira. Tudo o que pudesse facilitar as tarefas era preparado antecipadamente, para abreviar ao máximo o doloroso tratamento. Depois, com gestos suaves, eu estendia o velho roupão sobre a criaturinha adormecida e, delicadamente, enrolava-a nele. A seguir, por um buraco no tecido do roupão, puxava para fora o membro machucado, enquanto Margaret segurava firmemente as duas pontas da trouxinha que esperneava e resistia. Com tesoura cirúrgica, retirava as bandagens velhas e aplicava rapidamente as novas. Nunca falávamos durante o curativo, mas, com as faixas já no lugar, dizíamos: "Onde está o bichinho? Onde está Little Tyke?" Enrolávamos o filhote e completávamos o "resgate". Víamos com satisfação o resultado de nossa nova técnica. Margaret e eu permanecíamos em silêncio, agradecidos, enquanto o animalzinho lambia nossas mãos em retribuição ao "serviço". O antigo ressentimento em seus olhos aflitos ia desaparecendo e nós percebíamos que nosso plano funcionara.

Os dias passavam depressa e 24 horas não pareciam muito para o trabalho a ser feito. Havia por ali vacas, cavalos, pavões, galinhas e muitos outros animais e aves de que precisávamos cuidar. Infelizmente, a renda obtida dos bichos não bastava para pagar empregados. Na verdade, a fazenda não dava lucro. Tínhamos um pequeno negócio na cidadezinha, mas ele também era insuficiente para pagar ajuda extra. Exigia-nos muito trabalho nos dias úteis, das nove da manhã às seis da tarde, pois atendíamos bom número de fregueses. Assim, nem é preciso dizer, estávamos ambos bastante cansados à noite, depois de fechar as portas.

Por sorte, dispúnhamos de um espaço residencial nos fundos, onde preparávamos e comíamos as refeições durante a semana, sem nos esquecer da alimentação diurna de Little Tyke. Quando estávamos na loja, deixávamos o rádio tocando baixinho para ela e foi assim, acho eu, que ela pegou gosto pela música.

Após as horas de trabalho, ainda tínhamos muitas tarefas a cumprir na fazenda. Vestida com uma blusa de lã vermelha para manter-se quente e com a perna protegida, a leoazinha estava sempre conosco. Nos dias amenos nós a púnhamos na grama macia enquanto trabalhávamos, mas logo ouvíamos seus lamentos chorosos. Ela aprendera que com um "Está bem, Little Tyke!" iríamos tomá-la nos braços novamente e talvez dar-lhe uma garrafa de leite quente e delicioso.

Sabíamos, pelo estudo constante, que no reino animal a mãe em geral tem solução para todos os problemas. Sabíamos, por exemplo, que em caso de constipação intestinal nos filhotes ela lambe suavemente seus traseiros até obter o resultado pretendido. Quando nos vimos às voltas com esse problema por causa da inatividade do bichinho, usei um pedaço de pano macio embebido em água morna, o que ajudou a regular o sistema de Litte Tyke a ponto de sua cama estar sempre limpa. Graças à aplicação de antibióticos, a perna começou a sarar e a leoazinha entrou firme no caminho da saúde.

Então, a tragédia: minha esposa teve de se internar às pressas no hospital da cidade para uma grande cirurgia. Surgiram mais problemas. Com tantas criaturas dependendo unicamente de mim e um negócio para o qual era impossível treinar um empregado em menos de três semanas, tive de fazer tudo sozinho. Meu dia começava às cinco da manhã, com os cuidados e alimentação de nossos inúmeros animais e aves. Às sete, corria ao hospital para ver minha esposa. Em seguida, voltava às pressas para abrir a loja às nove. Era uma casa de frios, e os fregueses com seus problemas tinham de vir em primeiro lugar. Sempre que o telefone tocava eu levava um susto, temendo serem más notícias do hospital. Às seis da tarde fechava as portas, repetia as tarefas na fazenda e percorria de novo os mais de trinta quilômetros até o hospital.

Em meio a toda essa correria, Little Tyke dormia e comia regularmente até eu a deixar no carro enquanto visitava Margaret. Sozinha, ela se punha a gemer e a choramingar. Minha esposa havia piorado e precisava de uma transfusão de sangue, de modo que eu, é claro, me prontifiquei como doador. Já doara sangue muitas vezes, mas, com aquela confusão toda, esqueci-me de que meu café da manhã tinha sido frugal. Depois do tormento de uma veia "esquiva", que teve de ser picada várias vezes, o sangue apareceu.

A enfermeira pediu que eu ficasse deitado tranquilo por uns vinte minutos. Vinte minutos eram para mim uma eternidade, com tanta coisa para fazer; assim, tão logo a enfermeira saiu do quarto, tentei me safar às escondidas. Mas não funcionou; desabei no chão. Minha cabeça estava lúcida, mas minhas pernas não conseguiam me manter de pé. A loja abriu tarde naquele dia e, no carro, Little Tyke se esgoelou até ter espasmos. De algum modo consegui chegar ao fim do dia, e à noite dormi um sono cansado, com a leoazinha num cesto junto à cama. Não precisava de despertador: a cada três horas, seu chamado forte me avisava de que ela tinha fome.

Em minha visita seguinte ao hospital, deixei o bichinho com a esposa do veterinário, mas isso também não funcionou às mil maravilhas porque Little Tyke se acostumara à minha voz. Quando não me ouvia, começava a chorar descontroladamente e não aceitava alimento. Algo tinha de ser feito. Minha mulher estava melhorando e agora eu já conseguia pensar com mais clareza; comprei então um pequeno estojo que parecia uma maleta de médico e forrei-o com várias fraldas descartáveis. Colocava Little Tyke lá dentro. Chegando ao hospital, entrava e subia correndo as escadas até o quarto de Margaret. Ali, abria a maleta, pegava o bichinho e alimentava-o com uma garrafa de leite quente que havia preparado. Tudo correu bem por alguns dias até que, uma manhã, fui apanhado em flagrante pela enfermeira, que deslizara para dentro silenciosamente, sem eu o perceber. Jamais esquecerei minha surpresa quando a mulher perguntou: "Que tem aí?" Olhei para ela da cadeira onde estava sentado, dando mamadeira ao animal, e respondi sem mais: "Um filhote de leão".

Achei que iria ser expulso imediatamente, mas a espantada enfermeira apenas sorriu. Às vezes, um sorriso significa muita coisa. A notícia se espalhou como um incêndio; e, pela meia hora seguinte, os pacientes dos outros quartos daquele andar receberam menos atenção que o usual. As enfermeiras se apinharam no quarto de minha esposa, observando e afagando o pequeno animal. De repente, algumas gritaram: "Deus do céu! Aí vem a superintendente!" Agora estou perdido, pensei, metendo o bicho ainda faminto na maleta.

Mas a notícia se espalhara pelo hospital inteiro e lá estava a superintendente na porta. Ao ouvir o seu "Que história é essa que me contaram?", tirei de novo o animalzinho do estojo. Ela se aproximou do canto onde eu, no esforço para recuperar a compostura, procurava fazer com que Little Tyke bebesse o leite. Para meu espanto, a superintendente pegou sorrindo a leoazinha de minhas mãos e deu-lhe a mamadeira como uma veterana. Suspirei com alívio e me deixei cair na cadeira.

A partir daí, as visitas regulares do filhote foram o segredo especial do hospital. Várias semanas depois, Margaret voltou para casa e mais algum tempo decorreu até tarefas e negócios entrarem na rotina normal — se é que se podia esperar algo de normal de uma fazenda de pernas para o ar, com guaxinins mansos brincando com inúmeras variedades de faisões, pavões asiáticos e galinhas, onde até gamos e gansos canadenses se aproximavam da porta farejando comida. Mesmo Petúnia, cangambá, gingava por ali pacientemente, à espera de seu petisco.

Eu tentava imaginar o futuro de Little Tyke quando visitava zoológicos e via aqueles monstros de 150 a 200 quilos rugindo seu desafio ao mundo. Tentava imaginar aquela criaturinha como uma leoa adulta, passeando comigo pela casa. Devo admitir que semelhante ideia às vezes me deixava inquieto. Nessas horas, colocando o animalzinho no tapete macio da sala, vinha-me o receio de que ele talvez nem crescesse por causa das duas grandes desvantagens que tinha: estava ferido e sem mãe.

Já conseguia erguer a cabeça do tapete por alguns instantes e tentava aproximar-se de mim adiantando a perna envolta em talas. A leoazinha parecia muito pequena e desamparada ao esforçar-se assim; e, pegando-a e aproximando-a do meu rosto, eu me ouvia dizendo: "Então você é a rainha dos animais, Little Tyke?"

Bandagens e curativos eram agora aplicados dia sim, dia não — seguidos do costumeiro "resgate" psicológico de dentro do velho roupão comido de traças e de uma boa garrafa de leite morno.

Little Tyke e Pinky

Cerca de três meses antes de Little Tyke nascer, nossa gata malhada tivera gatinhos no sótão da velha garagem. Quando subi para dar uma olhada nos filhotes, notei que um deles não tinha nenhum pelo. Achei que se tratasse de um esquilo, pois esquilos às vezes nascem pelados, com a epiderme de um rosa brilhante. Mas, quando aquela gatinha cresceu, cobriu-se de uma bela e espessa pelagem de uma cor que eu jamais vira antes — uma espécie de rosa-claro. Com o tempo, foi desenvolvendo um bonito colar branco à volta do pescoço. Muito apropriadamente, chamamo-la Pinky ("Rosinha"). Quando trouxemos Little Tyke para a fazenda Hidden Valley, Pinky se colou a ela como uma sanguessuga. Onde estivesse Little Tyke, lá estaria também Pinky — brincando ou dormindo no assento fofo de alguma cadeira.

Todo dia, quando íamos para a loja, Little Tyke e Pinky nos acompanhavam. Lá, brincavam juntas nos fundos ao som de música suave no rádio, até se cansar e adormecer. Dormiam quase sempre no sofá, enroscadas. A mamadeira de Little Tyke era fácil de preparar. Misturávamos leite em pó e água de torneira em proporções iguais. Little Tyke logo se acostumou a apurar os ouvidos para o barulho da água escorrendo quando estava com fome.

Quando voltávamos à fazenda de tarde, minha primeira tarefa era colocar Little Tyke e Pinky na sala. Little Tyke em geral logo se encaminhava para a lareira e todo dia parecia surpresa ao constatar que o fogo não estava aceso. Logo se punha a andar de um lado para o outro diante da lareira até eu trazer a madeira e acender um bom fogo. Como um ato rotineiro numa peça, o bichinho puxava para si sua pequena almofada de seda e afundava-se nela. Dali, ficava me olhando com seus grandes olhos — bem grandes para uma criatura tão pequena! — como se quisesse dizer: "É assim que um dono bem-treinado deve agir".

Quando Little Tyke completou 3 meses de idade, a ferida em sua perna estava totalmente curada. Ela aprendeu a correr e a brincar usando o membro enfaixado. Mas surgiu outro problema. Little Tyke agora devia passar aos alimentos sólidos. Removemos a maioria de seus brinquedos de borracha, deixando-lhe apenas a boneca favorita, e os substituímos por ossos frescos. Porém, só cheirar os ossos já era demais para ela. Regurgitava imediatamente toda a comida que estava em seu estômago. Mais tarde, acostumou-se a um pouco de cereal para crianças misturado com leite. Tentamos inutilmente desmamá-la e dar-lhe carne, o que nos deixava alarmados: segundo os cientistas, animais carnívoros como o leão não podem sobreviver sem carne. Assim, impusemo-nos a tarefa de ensinar Little Tyke a tomar gosto por esse tipo de alimento.

Dias tranquilos na fazenda Hidden Valley.

    Margaret escreveu à administradora de um zoológico de Nova York pedindo ajuda e a mulher nos aconselhou a pingar algumas gotas de sangue na mamadeira de Tyke. Fizemos isso; mas o bichinho não quis saber do leite. Começamos com dez gotas, depois cinco e finalmente uma só; mas Little Tyke torceu o nariz para a mistura.

    Alguém sugeriu que puséssemos carne moída com leite numa das mãos e leite puro na outra, deixando-a lamber primeiro o leite e depois passar à mistura. Tentei esse expediente, mas Little Tyke afastou-se depressa, embora estivesse com fome. Esfreguei as mãos na toalha de um açougueiro vizinho e tomei a leoa nos braços, mas o cheiro da carne em minhas palmas deixou-a enjoada. Ela percebeu o odor do perigo no sangue e rosnou, com medo nos olhos, enroscando-se num canto do sofá. Então lavei bem as mãos, preparei uma nova mamadeira com leite puro e pus Little Tyke e sua boneca favorita no colo. Ela mamou gostosamente e foi dormir em sua almofada junto com Pinky.

No Natal, tínhamos grandes planos para todos, inclusive Little Tyke. A reunião familiar seria na casa dos pais da minha esposa, na cidade. À tarde, estando eu na loja, Margaret foi para os fundos a fim de tomar um banho, pois pretendíamos sair direto dali para a festa. Tínhamos um fogão a carvão para cozinhar e aquecer o chuveiro. Assim, depois de acender o fogo, Margaret tomou seu banho antes de alimentar Little Tyke e Pinky.

Little Tyke associou a água que escorria do chuveiro ao seu horário de comer; assim, levantou-se e correu na direção do barulho, do outro lado da sala. Costumava saltar de um móvel a outro, em vez de andar pelo chão. Dessa vez pulou do sofá onde estivera dormindo para um pequeno armário de cozinha e dali diretamente para o fogão aceso. O grito foi de gelar o sangue! Corri e dei com a pobre criatura rolando de dor no chão. Margaret havia chegado primeiro e vira Little Tyke cair do fogão, onde deixara a pele das quatro patas e uma faixa de dez por quinze centímetros da barriga.

Buscamos toda a ajuda clínica possível, mas, nem é preciso dizer, aquele Natal foi muito triste para nós. Little Tyke, com menos de quatro meses de idade, tinha sofrido seu segundo acidente doloroso.

Depois que os veterinários a envolveram em gaze, nós a levamos para a fazenda e providenciamos uma caixa de papelão forrada de algodão, onde a deitamos. Pinky postou-se a seu lado, lambendo-a e confortando-a do melhor modo que podia. Quando a dor cedeu lugar a alguns minutos de sono, Pinky saltou da caixa para ir dormir também, mas ficou por perto. Se Little Tyke acordava e se punha a gemer, Pinky voltava para a caixa e recomeçava suas lambidas e carícias. Essa rotina se repetiu mais ou menos a cada quinze minutos durante a noite inteira.

Recomeçou então a caminhada rumo à saúde. Depois de aproximadamente seis semanas, Little Tyke deu os primeiros passos com suas patinhas feridas. Aprendera a fazer as necessidades fora de casa aos dois meses, mas, após permanecer deitada durante aquelas longas semanas sem usar as pernas, foi necessário que a treinássemos de novo.

Uma tarde, após fechar a loja, voltamos para a fazenda Hidden Valley a fim de concluir as tarefas do dia. Depois saímos a passeio, mas, por algum motivo, não levamos Pinky, embora ela adorasse andar de carro conosco. Foi a última vez que a vimos. Todos queriam aquela gata exótica e, ao que parece, alguém a levou da fazenda durante a noite, enquanto estávamos fora. Acho que devolveriam a Little Tyke se vissem a desolação e o choro da pobre leoazinha. Nos meses seguintes, ela chorou a perda da amiga, comendo pouco e perdendo peso. Ficou tão magra e fraca que temamos por sua vida. Não aceitava a companhia de outros gatos; só queria Pinky. Quando outro bichano lhe cruzava o caminho, ela usualmente mostrava certo interesse e corria a cheirar o recém-chegado; mas não era Pinky e a coitada se afastava, com o mesmo olhar melancólico.

Depois de nove longos meses, removemos as últimas talas e bandagens. A princípio, Little Tyke parecia recear pôr todo o seu peso de trinta quilos sobre a perna agora sem apoio. Mas logo aprendeu a correr e a brincar com os outros bichos da fazenda.

Perseguida por Cães

Após aprender a confiar na perna curada, Little Tyke começou a se afastar da casa um pouco mais a cada dia, explorando a fazenda Hidden Valley. Foi durante uma dessas escapadelas que alguns cães malvados passaram por nós despercebidamente e Little Tyke não voltou em seu horário regular de alimentação.

Percorremos as colinas cobertas de matas e as margens do rio, mas não notamos nenhuma pegada recente que pudesse apontar a direção tomada pelo bichinho. A noite nos envolveu e nenhum "miau" profundo respondia aos nossos chamados ansiosos. Telefonamos para todas as emissoras de rádio das redondezas, avisando-as sobre o filhote perdido. Elas colaboraram maravilhosamente. Divulgaram comunicados pedindo que, se alguém visse a leoazinha, "não atirasse nela, por favor". E explicaram que o animal, além de manso e inofensivo, gostava muito de andar de carro. Os repetidos avisos também ensinavam às pessoas como alimentar o bichinho e a quem notificar caso ele fosse encontrado.

De madrugada ainda vasculhávamos cada palmo de terreno por onde achávamos que Little Tyke podia ter passado. Logo muitos vizinhos se juntaram à busca e, enquanto mais e mais gente solidária se interessava, notícias de que algum animal estranho fora avistado começaram a chegar de diversas localidades em dois condados próximos. Investigávamos cada pista num raio de quilômetros, deixando as mais distantes para os amigos.

O segundo dia passou sem resultados e depois o terceiro. Quando de novo a noite desceu sobre os campos, temi que o pior tivesse acontecido. Talvez uma das muitas matilhas de cães de caça da área a tivesse perseguido e matado. Leões não sobem em árvores nem nadam e falta-lhes capacidade pulmonar para correr longas distâncias. São, por isso, muito vulneráveis às matilhas. Podia ser também que algum maluco houvesse dado cabo do animalzinho. Ocorreu-nos a ideia de que o filhote assustado, percebendo a aproximação de estranhos, procuraria se esconder, de modo que com o coração opressivo agradecemos aos voluntários e pedimos-lhes para suspenderem a busca. Vários escoteiros de boa vontade haviam acorrido e eles também, com uma pequena recompensa, foram dispensados.

No quarto dia fui ter com minha esposa, que sozinha havia tomado conta da loja enquanto eu dirigia a busca. Escurecia cedo, pois estávamos no inverno, e as noites eram longas. Saí da loja antes do pôr do sol para cumprir as tarefas na fazenda antes da chegada da noite; e, quando já me dispunha a voltar, ouvi um rosnado choroso e bem conhecido. Vinha do lago ao pé da colina, na direção oposta à casa, onde uma fonte borbulhante fornecia água em quantidade ilimitada a centenas de peixes-dourados. Quase tive medo de olhar; mas, quando me voltei, percebi as hastes dos bambus se movendo e abrindo uma brecha. Dei pulos de alegria ao ver o magro filhote arrastando-se, sacolejante, para o meu lado. Estava fraco demais para emitir qualquer som. O vazio e a tristeza que tanto haviam pesado sobre a fazenda Hidden Valley desapareceram de repente quando a boa nova do regresso de Little Tyke se espalhou como um rastilho de pólvora: "Little Tyke está de novo em casa, segura!"

Ela tinha perdido aproximadamente cinco de seus 35 quilos. Dias a fio, quando a abraçávamos, a leoazinha parecia querer dizer-nos alguma coisa; mas nós, seres humanos que vivemos gabando nossos poderes mentais, não conseguíamos entender as expressões mais simples daquela criatura da selva. Ela provavelmente tinha uma história para contar sobre suas andanças assustadoras, sua luta contra a fadiga e a fome durante dias intermináveis e noites geladas. Até hoje não sabemos aonde ela foi nem onde se escondeu.

Becky

Na fazenda Hidden Valley, nossa estranha família continuou a aumentar. Até um porco-espinho, encontrado no alto de uma macieira no meio da povoação vizinha, foi trazido para viver em paz. De algum modo, eu consegui fazer aprovar uma lei estadual que criou um refúgio de mais de quatro mil acres onde nenhuma arma de fogo podia ser usada. Nele, mais tarde, eu veria belos faisões chineses buscando abrigo contra as setas de Ninrode. Algumas aves estavam muito feridas; e cervos com ossos dolorosamente dilacerados ou outros ferimentos a bala vinham para viver melhor ou morrer sossegados.

Gostávamos do nosso trabalho e dos nossos inúmeros protegidos. Um jovem cisne negro manco, da longínqua Austrália, também apareceu para viver sob os olhares atentos de Little Tyke. Havia ainda Racci, o guaxinim, que se divertia muito brincando e rolando com a pequena leoa. Às vezes trepava em uma árvore e, sentando-se, guinchava como só um guaxinim sabe fazer. Para qualquer visitante, era sem dúvida estranho caminhar pelas trilhas à margem do rio em companhia dos nossos amigos incomuns. Little Tyke sempre ia atrás de nós ou do nosso lado; vinham depois os dois cães *terrier* e Racci, correndo

Almoço para duas amiguinhas.

pela margem e às vezes arriscando um mergulho. Havia Baby, o gamo de cauda branca que avançava a passos largos, mas elegantes, acompanhando o estranho grupo. E Becky, a ovelhinha, que parecia imaginar serem todos da mesma família. Ela estava certa, creio eu, pois nasceram todos do mesmo Criador.

De onde veio Becky? Estávamos na primavera, época em que as ovelhas dão cria. Apanhei-a num abatedouro. Procurei o homem que escolhe os animais para o abate e perguntei-lhe se por acaso não tinha um cordeiro recém-nascido. Respondeu que, se eu esperasse até ele levar algumas reses até o local onde são mortas, iria ver.

Gente nova no pedaço.

O homem abriu um grande portão e pôs-se a chicotear os animais. Enquanto eu os observava — eram uns cem — a caminho da morte, avistei uma vaca no meio do rebanho, volteando e berrando nervosamente. O empregado praguejava, pois ela estava detendo os outros. Gritei-lhe que jamais conseguiria tirá-la do caminho porque a vaca acabara de parir um bezerro e girava em torno dele para protegê-lo. Quando o empregado viu o bezerro, praguejou de novo e resmungou algo a respeito de uma lei segundo a qual teriam agora de conservar e alimentar a vaca por mais trinta dias. Deduzi dessa sumária explicação que, se a coitada houvesse sido abatida um minuto antes de parir, o procedimento teria sido legal.

Fomos então até o redil, onde notei uma bonita ovelhinha branca com apenas alguns dias de vida. Comprei-a imediatamente e perguntei ao homem o que teria feito dela caso eu não houvesse aparecido. "Ora, transformado em adubo e ração, provavelmente", foi seu comentário, enquanto eu envolvia a criaturinha nos braços e me afastava.

Folheando hoje a Bíblia, deparo com o mandamento: "Não matarás". Não se diz em parte alguma que se refira unicamente a seres humanos. Descubro em seguida que, no princípio, foi dada ao homem uma lei clara: "E disse Deus: Eis que vos tenho ofertado toda erva que produz semente sobre a face da terra inteira; e toda árvore, em que há fruto de árvore que dá semente, ser-vos-á para alimento" (Gênesis 1:29).

Num luminoso dia de primavera, Margaret e eu fomos até uma bonita campina onde os animais sempre se acercam de nós. Ali lhes apresentamos Becky, a ovelhinha. Ela era novidade e as outras criaturas se mostraram muito curiosas. As éguas com seus potros se aproximaram para farejar e depois continuaram pastando com gosto. Bonnie, a mula, mostrou-se no entanto ciumenta: não sabia se gostava ou não da recém-chegada. Little Tyke, no meio dos outros bichos, observava em silêncio.

Visitantes Demais?

Em nossa loja de frios, os visitantes se multiplicavam a cada dia à medida que ficavam sabendo da leoa que não comia carne. Para nós, isso era mais um problema. Gostávamos de visitas, mas o tempo era agora o fator mais importante. Para tornar compensador esse trabalho extra, Margaret sugeriu colocarmos sobre o balcão um vaso com um cartaz dizendo: "Ficamos felizes em lhe mostrar Little Tyke. Em troca, doe por favor uma moeda ao Hospital Ortopédico Infantil de Seattle". Quando o primeiro vaso ficou cheio, corremos ao hospital. Foi um grande dia para as crianças e Little Tyke. Elas foram chegando — de muletas, de bengala, em cadeiras de rodas e macas — ao pátio onde a leoazinha brincava. Repórteres e fotógrafos estavam presentes, de modo que logo apareceram fotos na edição dominical de um dos jornais.

Grandes grupos de visitantes não tardaram a surgir. Às vezes, quando chegávamos à fazenda, havia ali cinquenta ou sessenta pessoas espalhadas pelos gramados, fazendo piquenique até darmos o ar da graça com Little Tyke. Esta se tornara uma das grandes atrações da cidade. Logo três das principais autoridades locais nos procuraram na loja e disseram que haviam recebido algumas queixas. Teríamos

Que gatinho enorme!

de levantar uma cerca de madeira alta para que Little Tyke não se transformasse numa atração por demais perigosa — afinal, ela era uma leoa, não?

Assim, com muita despesa, construí uma cerca sólida de dois metros e meio de altura em torno de um espaço no quintal da loja. Quando instalava a última dobradiça no portão, chegou a ordem, dos mesmos figurões, de pôr a cerca abaixo. Aquilo não me pareceu lógico e recusei.

Não tardou e estávamos regularmente nas manchetes do nosso semanário. Manchetes como "Briga por Causa da Cerca da Leoa" e "Dono Protesta contra Medida a Respeito da Cerca da Leoa" apareceram, seguidas de muitas outras, e a cerca chegou a ser apelidada de "cerca da discórdia". Já era demais. Reunimo-nos com o conselho municipal e provamos que a construção estava dentro das normas, além de garantir que a leoa não era nenhuma ameaça. A manchete seguinte foi: "Cidade Dá O.K. à Leoa". Ainda assim, o conselho aprovou uma medida estabelecendo que todo animal perigoso deveria permanecer "enjaulado" quando estivesse nos limites da cidade. Mandaram-nos uma cópia e sabíamos que a tal lei se referia a Little Tyke.

Nos anos que se seguiram, Little Tyke trouxe milhares de visitantes à cidade. Apareceu em revistas e jornais do mundo inteiro, além de histórias em quadrinhos e programas de televisão. Essa publicidade colocou a cidadezinha nas manchetes — mas essa mesma cidadezinha era a única em que Little Tyke não podia andar pela rua ao meu lado. "Ninguém é profeta em sua terra."

A Vegetariana

Com 4 anos de idade, Little Tyke era uma leoa africana adulta, pesando 160 quilos. Tornava-se cada vez mais mansa com o passar do tempo. Nós praticamente renunciamos à esperança de despertar nela o gosto pela carne. Pusemos anúncios prometendo mil dólares em dinheiro vivo a quem descobrisse uma fórmula que contivesse carne e que Little Tyke comesse, mas nada funcionou. Sempre perguntávamos aos visitantes que pareciam ter algum conhecimento de animais se por acaso não sabiam dessa fórmula porque, segundo o parecer insistente dos cientistas, a leoa não poderia sobreviver sem uma dieta carnívora. Certa vez fiz essa pergunta a um jovem visitante e foi ele quem me tranquilizou. Virando-se para mim, muito sério, indagou: "Você não lê a Bíblia?" Confessei que não o fazia com a frequência desejável. Ele prosseguiu: "Consulte Gênesis 1:30 e terá a resposta". Na primeira oportunidade apanhei a Bíblia e fui à passagem indicada. Para meu espanto, lá estavam estas palavras: "E a todo animal da terra, e a toda ave dos céus, e a todo réptil da terra, em que há alma vivente, toda erva verde será para mantimento. E assim foi".

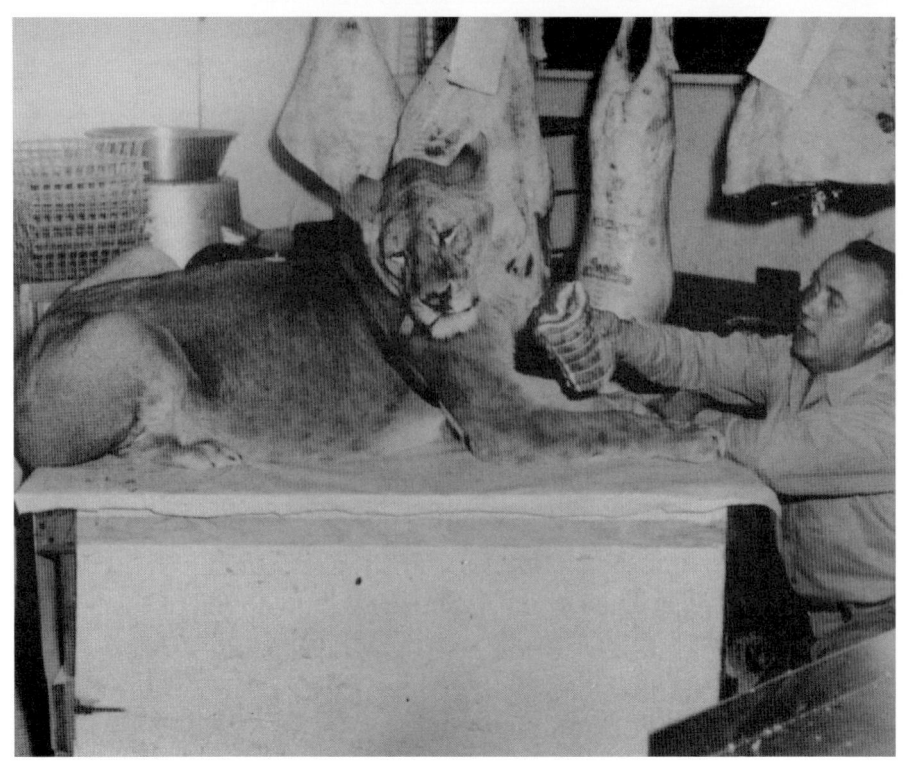

Não, obrigada. Sou vegetariana.

Depois disso, não nos preocupamos mais com a dieta de Little Tyke. Já havíamos descoberto uma de que ela gostava: cereais cozidos, ovos crus e leite. Isso lhe fazia bem? No dizer de um dos mais experientes administradores de zoológico do país, Little Tyke era o melhor exemplar de sua espécie que ele jamais vira...

À medida que os anos iam passando, fomos descobrindo outros grãos que podiam ser acrescentados à comida de Little Tyke. Esses numerosos grãos eram cuidadosamente pesados, moídos e misturados ainda secos para formar uma dieta bem balanceada de proteínas, carboidratos, cálcio, gorduras e fibras. O suprimento para alguns dias era sempre preparado com antecedência sob o olhar zeloso de Margaret. Ela própria o fazia com suas mãos hábeis e guardava-o na geladeira para depois dividi-lo nas porções certas que convinham a Little Tyke. Margaret sabia a quantidade exata de cereal a misturar com o leite, os ovos e outros ingredientes que acrescentava a fim de obter uma refeição suculenta e saborosa. Dois punhados desse alimento cozido, misturados com dois litros de leite e dois ovos, faziam Little Tyke abaixar-se contente e degustar sem pressa cada bocado. Mas recusava-se a comer caso sua boneca de borracha favorita não se sentasse perto do prato.

Às vezes um pavão estranho se aproximava para espiar a saborosa refeição de Little Tyke, mas um rosnado profundo logo o afastava até o pavão favorito dela aparecer. Em seguida Imp, o gato, se esgueirava silenciosamente para completar o esquisito grupo e todos se acomodavam para comer. Alimentávamos Little Tyke de manhã e à tarde, mas às vezes, quando ela ficava com muita fome, ao meio-dia.

Para deixar seus dentes e gengivas em forma, nós lhe dávamos botas pesadas de borracha em vez de ossos, que em pouco tempo ela se recusou a mastigar. Uma bota durava, para a bizarra vegetariana, de três semanas a um mês. Quando lhe dávamos uma nova, sempre tínhamos o cuidado de borrifá-la com um perfume agradável. Ela mesma condicionava seu estômago comendo durante uma hora de cada vez a grama alta e nutritiva do prado. Quando observo leões em zoológicos, pergunto-me se também eles não gostariam de pastar nos campos.

O Coice da Mula Bonnie

Numa clara manhã de primavera, ao passear pelas campinas com Little Tyke, deparamo-nos com os cavalos e a mula Bonnie galopando e escoiceando alegremente, como que felizes por ver os primeiros raios de sol brilhar em meio às grandes e amigáveis árvores. Bonnie, uma das companheiras de travessuras preferidas de Little Tyke, parecia estar gostando muito da brincadeira; voltou-se erguendo a pata e calcou a terra a fim de escoicear de novo. Eu não havia percebido que Little Tyke se juntara à brincadeira até ver o casco da alegre Bonnie golpear a leoa com um barulho surdo, bem na mandíbula inferior. Ela desabou como um boi abatido, parecendo que sua vida chegara ao fim. O sangue jorrou da boca de Little Tyke e eu corri para ela a fim de fazer um rápido diagnóstico da extensão do ferimento. Alguns dentes haviam sido quebrados, mas a mandíbula estava intacta. A hemorragia provinha, na maior parte, da língua lacerada.

Do riacho próximo eu trouxe água fresca para limpar e aliviar um pouco a dor do ferimento que sangrava. Quando a consciência voltou ao cérebro atordoado da ainda enfraquecida criatura, ela começou a lamber as patas dianteiras sujas de sangue. Os cavalos e Bonnie nos rodearam para observar, como se também estivessem preocupados. Por alguns instantes temi que Little Tyke não perdoasse a agressão. Mas minha ansiedade logo se desvaneceu e encetamos nossa lenta caminhada de volta à casa da fazenda.

    Por uns sete dias, alimentamos a leoa com líquidos e guardamos seus brinquedos de borracha. E semanas mais tarde notamos uma bolsa de consistência macia formando-se debaixo da mandíbula. Parecia conter uma secreção aguada. Margaret e eu a examinamos cuidadosamente, decidindo por fim levar Little Tyke a um veterinário das imediações. Ele veio até o carro e acariciou o animal, como fizera já muitas vezes, quando tratara do antigo ferimento. Little Tyke rolou, deliciada, no momento em que ele apalpou a bolsa aparentemente indolor. Com um "Vou dar um jeito nisso!", o veterinário entrou de novo na clínica e reapareceu com um pequeno bisturi bem oculto à vista de Little Tyke. Quando ele se aproximou, as orelhas da leoa penderam, ela ronronou e, com um rugido de advertência, balançou a cabeça de um lado para o outro. Aconselhei o veterinário a não chegar perto do carro. Voltando-me para Little Tyke, notei que suas pupilas se haviam estreitado, ficando parecidas a pontinhos negros. Isso, eu sabia, significava que ela não estava para brincadeiras. Só depois que o veterinário voltou à clínica para deixar lá o bisturi é que Little Tyke lhe permitiu tocá-la novamente. O inteligente profissional logo constatou os superiores instintos intuitivos da criatura.

    Semanas mais tarde, visitamos o veterinário de um grande zoológico urbano e pedimos-lhe que examinasse a

Bonnie e Tyke se tornaram boas amigas.

bolsa cheia de líquido que ainda pendia da mandíbula de Little Tyke. Contamos-lhe nossa experiência com o veterinário local. Com um macaquinho amistoso agarrado ao braço, ele acariciou a cabeça de Little Tyke enquanto apalpava a bolsa flácida. Fiquei assustado quando o homem explicou que a glândula salivar tinha sido rompida e a bolsa era o modo encontrado pela natureza para obstruir o fluxo de saliva até a glândula se regenerar.

"Se", continuou ele, "vocês tivessem permitido que a bolsa fosse lancetada, a saliva, escorrendo, impediria a regeneração da glândula e continuaria pingando sem parar. Seria então necessário remover a glândula toda até as proximidades do cérebro. O animal, aparentemente, sabia o que lhe convinha". E sorriu enquanto continuava acariciando Little Tyke.

Foi tranquilizador e gratificante para nós saber que Little Tyke nunca buscara vingança das muitas agressões sofridas. Ela continuou convivendo amigavelmente com todos os outros animais da fazenda Hidden Valley.

Acidente de Automóvel

Muitas eram as aventuras excitantes na fazenda. A de criar e alimentar nossos muitos cavalos não podia ser considerada das menores. Tínhamos ali puros-sangues de Kentucky, árabes e alguns belos corredores palominos. Foi numa ocasião dessas que aprendi muito sobre a memória dos leões.

Voltava à fazenda de uma viagem longa e cansativa com uma de minhas éguas e seu potro no reboque. No banco de trás do carro, Little Tyke estava encarapitada como uma rainha. De repente, um automóvel em alta velocidade, fazendo a curva em minha direção, passou rente e forçou-me a sair da rodovia. Derrapei enquanto o outro motorista, de ar feroz, se perdia à distância; quando tentei voltar à pista, o reboque deu uma guinada violenta e bateu num marco de sinalização, que lhe estraçalhou a parte traseira e mandou reboque, égua e potro de duas semanas pela encosta até o vale lá embaixo. A força do reboque, deslizando, arremessou o carro na direção oposta, contra o barranco íngreme. As portas se escancararam e os para-lamas, retorcidos, arriaram como as orelhas de um cachorro cansado. Consegui manter o carro fora da estrada e saltei para ver os danos. Pedaços do reboque se espalhavam pela pista até o vale; mas, como que por milagre, nem a égua nem o potro haviam sofrido coisa alguma. Respirei aliviado quando olhei para baixo e avistei a égua pastando tranquilamente, enquanto o potro, de pernas esparramadas, mamava.

Little Tyke desaparecera do banco traseiro do carro e eu não conseguia vê-la em lugar nenhum. Temi que ela, seriamente ferida, houvesse se arrastado para longe a fim de morrer. Percorri a encosta por uns cem metros em todas as direções, sem resultado. Então, já com carros de curiosos se juntando no local, atravessei correndo a rodovia e subi o morro. Foi ali, após o que me pareceu uma eternidade, que encontrei Little Tyke, deitada e de olhos escancarados, sob os ramos hospitaleiros de um abeto. Ao me aproximar, ela rosnou ameaçadoramente e ergueu uma pata agressiva. Sentei-me no chão com o coração apertado, lutando contra o medo que me invadia a alma. Teria o acidente instilado o medo no ânimo doce e gentil de Little Tyke? Poderiam os frutos de dois anos e meio de cuidados extremosos transformarem-se instantaneamente numa irrupção de fúria incontida? Profetas pessimistas haviam previsto que algum dia ela se voltaria contra mim, mas eu ainda não havia perdido a confiança.

Quando a noite caiu, consegui finalmente descer a colina com a assustada criatura e colocá-la no carro. Ela saltou para o banco traseiro, onde ficou se mexendo, rosnando e ameaçando atacar tudo o que se movia à sua volta. A escuridão se adensou enquanto eu, com um pau de cerca, tentava repor no lugar os para-lamas e a lataria. Foi uma longa e tortuosa viagem de volta em plena treva, com o carro balançando e dando guinadas a cada curva. As mandíbulas de Little Tyke se escancaravam a cada volta e freada.

Em casa, não contei tudo a Margaret. Troquei a roupa de gabardine marrom por outra cáqui, que normalmente usava na fazenda. Little Tyke parecia bastante tranquila, por isso preparei sua comida e levei-a para dormir. Em seguida, entrei num dos caminhões da fazenda e voltei à rodovia para apanhar a égua e seu potro.

Na manhã seguinte, fiquei satisfeito ao ver que Little Tyke retomara sua disposição amistosa. Só algumas semanas depois percebi que ela associava o acidente à minha roupa de gabardine marrom. Coloquei essa roupa e a leoa instantaneamente rosnou e avançou para mim, raivosa, o que me fez renunciar à ideia de sair com ela naquela tarde. Quando pus a roupa cáqui, Little Tyke logo começou a ronronar e a esfregar-se em mim. Sim, agora compreendo: a roupa marrom é que magoava a nós dois. Anos depois eu a vesti de novo e, outra vez, Little Tyke se mostrou furiosa. Nem é preciso dizer, nunca mais a pus; essa roupa havia se tornado uma lembrança assustadora para o animal.

Vida em Comum

Desde que era filhote, Little Tyke gostava de receber nossas carícias, minhas e de Margaret, sempre procurando a mim ou a ela. Até ficar grande demais, deitava-se com o quarto traseiro num colo e a cabeça no outro quando saíamos de carro. Se acaso tinha passeado comigo pela fazenda enquanto Margaret se ocupava dos trabalhos domésticos, nunca deixava de esgueirar-se para a cozinha e estender-se de corpo inteiro no chão, à espera de carinhos. Margaret ia e vinha enquanto cozinhava, e a enorme criatura observava tudo com grande interesse, como se estivesse aprendendo sua primeira lição de arte culinária.

Até que ponto nos acostumamos a ter um bicho desses em casa? Bem, Margaret ainda se ri de mim por causa do que fiz certo dia. Voltando cansado e faminto das tarefas da fazenda, desabei numa cadeira macia e confortável da sala e perguntei: "Onde está Little Tyke?"

"Mas como, você acaba de saltar sobre ela ao entrar pela porta!", foi a resposta jocosa de Margaret.

Eu a ouvi dizer muitas vezes: "Prefiro criar doze leões dentro de casa do que um cachorro". De fato, um leão procurará pisar nos lugares mais secos e limpos antes de entrar em casa; em seguida, começará imediatamente

Café da manhã juntos às oito horas.

a lamber-se para ficar limpo e só depois se estirará no chão. Um cachorro chapinha em água suja, cava buracos no gramado e destrói os canteiros de flores enquanto não para de correr como um coiote.

O melhor passatempo de Little Tyke dentro de casa era admirar as maravilhas da televisão. De um lugar cativo no chão ou no sofá, ela assistia atentamente aos seus faroestes preferidos. O som dos cascos dos cavalos a galope ou o estampido dos revólveres aumentavam-lhe o interesse. Quando se cansava, estirava seus três metros e dez centímetros, mergulhando num sono profundo, embalada pela música suave de que tanto gostava. Mais tarde, levantava-se de mansinho e ia pousar a enorme cabeça no colo de

Margaret, para que ela lhe massageasse as orelhas. Adormecia então de vez e era hora de levá-la para dormir.

Numa dessas ocasiões é que nos demos conta da sua maravilhosa sensibilidade. Leões costumam dormir com uma das patas dianteiras espalmada no chão. A meu ver, isso ocorre porque um sentido delicado se desenvolveu ao longo dos séculos até eles se tornarem extremamente sensíveis à vibração.

Little Tyke despertou certa vez de um desses cochilos e sentou-se num tenso estado de alerta. Segundos depois, ouvimos nosso vigilante pavão gritar de seu poleiro no alto de uma das árvores da fazenda. Em seguida, os cães começaram a latir enquanto um carro se aproximava pela estradinha. Little Tyke era sempre a primeira a perceber os passos ou o ruído dos pneus no cascalho.

Quando visitantes se aproximavam, ela os acompanhava do outro lado da nossa comprida cerca viva de lilases, até chegarem ao portão. Dali, se despercebida, lançava-se sobre eles brincalhonamente, numa velocidade incrível. O aviso "Mantenha Distância" colocado no portão não significava nada para algumas pessoas e esse comportamento do animal era um lembrete para aquelas que não liam nem prestavam atenção à advertência. Little Tyke ensinou muita gente a acreditar em avisos. Gostava da maioria das pessoas, embora um estranho pudesse achar um tanto assustadora sua maneira de brincar.

Adotamos a prática de nunca pedir a Little Tyke que pusesse de lado uma coisa qualquer ou um brinquedo sem alguma razão, e isso geralmente recorrendo a uma barganha. Certa vez, uma senhora amiga da família apa-

Dormindo com uma pata espalmada no assoalho.

receu e foi logo tirando um sapato que lhe apertava. Little Tyke, notando o gesto, agarrou o sapato e se afastou. Ela sabia sem dúvida que atrairia a nossa atenção e receberia um brinquedo em troca do produto do saque. Lembro-me também de um dia em que o entregador de combustível para aquecedor atirou-lhe o boné num gesto brincalhão e Little Tyke, também brincando com o homem, fingiu deixá-lo apanhar o objeto, mas acabou mandando-o embora sem ele.

Houve muitos outros momentos alegres entremeados de alguns mais sérios. Certa vez, paramos num posto de gasolina de Los Angeles, desses em que um funcionário enche o tanque, outro confere o nível do óleo e calibra os pneus, enquanto um terceiro lava o para-brisa e os vidros do carro. Pisquei para os rapazes e pedi que observassem o homem encarregado de lavar os vidros. Ninguém tinha visto Little Tyke esparramada dentro do carro. Sacudi algumas moedas no bolso e perguntei ao sujeito se ele poderia lavar os vidros pela parte de dentro. Com um "Sim, senhor!", abriu a porta — e, com um grito pavoroso, desapareceu. Vinte minutos depois, ao sair, avistei-o espiando por trás de um depósito a uma distância segura.

Em outra ocasião, quando um executivo nos visitava, eu disse de repente, antes do jantar, que precisava ir atender a uma emergência: um trem de circo havia descarrilado e alguns animais tinham escapado. Ele ficou para jantar com a família e eu prometi voltar o mais breve possível. O coitado nem imaginava que tínhamos uma leoa. Enquanto ele conversava com Margaret sobre o paradeiro dos animais selvagens, Little Tyke empurrou a porta e caminhou diretamente em sua direção. Mas ele era um bom esportista e, após umas duas horas se recuperando, conseguiu engolir seu jantar!

Viagem com uma Leoa

Little Tyke viajou de carro mais de 150 mil quilômetros conosco. Quando parávamos em hotéis, sempre pedíamos um quarto grande com duas camas de casal, uma para Little Tyke e outra para nós. Aprendemos que, se a leoa fosse colocada num quarto separado, de cinco em cinco minutos se levantaria e viria para o nosso, para verificar se continuávamos lá. Aonde quer que fôssemos, ela temia ser abandonada. Parecia fazer sentido, desde o início, que éramos seus únicos protetores e que, se a deixássemos, ela ficaria desamparada. Coisa estranha, não importava onde parássemos, sempre nos recebiam bem e pediam que voltássemos com nossa inusitada companheira.

Nas viagens, com a enorme leoa sentada ao nosso lado debruçando-se para fora da janela enquanto avançávamos, era difícil evitar os grupos de curiosos ou desempenhar as tarefas que tínhamos a cumprir. Eu me divertia muito mostrando-a, tanto quanto ela própria deixando perplexas as multidões de olhos arregalados, que logo se comprimiam à nossa volta, não importava onde parássemos. Compramos então uma perua com um compartimento leve adaptado ao chassis, munido de uma janelinha na

Uma viagem alegre.

parte de trás. Isso dava alguma privacidade a Little Tyke e nos permitia tratar de nossos negócios enquanto ela estava dormindo.

Foi com esse carro que visitamos um amigo na região leste do Estado. Resolvemos passar a noite ali e Little Tyke, em seu novo veículo, soube que ficaria longe de olhares curiosos, podendo descansar como se estivesse na sua cama, em casa. Raramente fazíamos amizade com pessoas que não gostavam de animais; assim, nem é preciso dizer, aonde quer que fôssemos Little Tyke era tão bem recebida quanto nós.

Certa ocasião, visitamos uns amigos que moravam no campo e só dispunham de um quarto extra. Assim, ao cair da noite, pusemos Little Tyke no carro, sobre um colchão grosso e macio. Horas depois, quando um dos outros convidados partiu, decidi dar uma última olhada em Little Tyke. Com dolorosa surpresa, notei que a porta traseira do carro estava aberta e a leoa havia desaparecido. Eu me esqueci de travar a porta por dentro e ela, empurrando a porta, conseguiu abri-la. Meus pensamentos turbilhonaram, pois me lembrei de que a uns cem metros dali havia uma rodovia muito movimentada e trilhos de uma estrada de ferro. De lanterna em punho mergulhei na noite, chamando, enquanto o outro visitante se "refugiava" na casa. Não ouvi nenhum rosnado familiar em resposta nem o som de passos felinos no chão. Voltei-me e vi a porta do celeiro escancarada. Dirigi o facho da lanterna para dentro e, com um suspiro de alívio, dei com a tranquila criatura indo e vindo diante de uma longa fila de cavalos e vacas, como um general inspecionando sua guarda. Uma galinha assustada voou, grasnando desesperadamente, de seu poleiro sobre a manjedoura quando me sentei para acariciar o enorme animal, que sabia não ter feito nada de errado.

Durante a viagem de volta para casa, no dia seguinte, rimos com gosto ao recordar as experiências que tive durante um passeio parecido com um amigo, antes de adaptarmos o carro para Little Tyke. Esse amigo e eu iniciamos a longa jornada com a leoa ocupando o assento traseiro. Depois de algumas horas, ela resolveu que estava muito só ali e começou a enfiar todo o seu corpo entre nós dois, no banco dianteiro. Meu amigo e eu pesamos, cada um, quase cem quilos e, obviamente, após alguns quilômetros a coisa ficou um tanto quanto insuportável para ele, principalmente com aquele bicho afável girando e se retorcendo para lamber-lhe a testa suada. O coitado conseguiu, de algum modo, passar para o banco de trás e sorriu

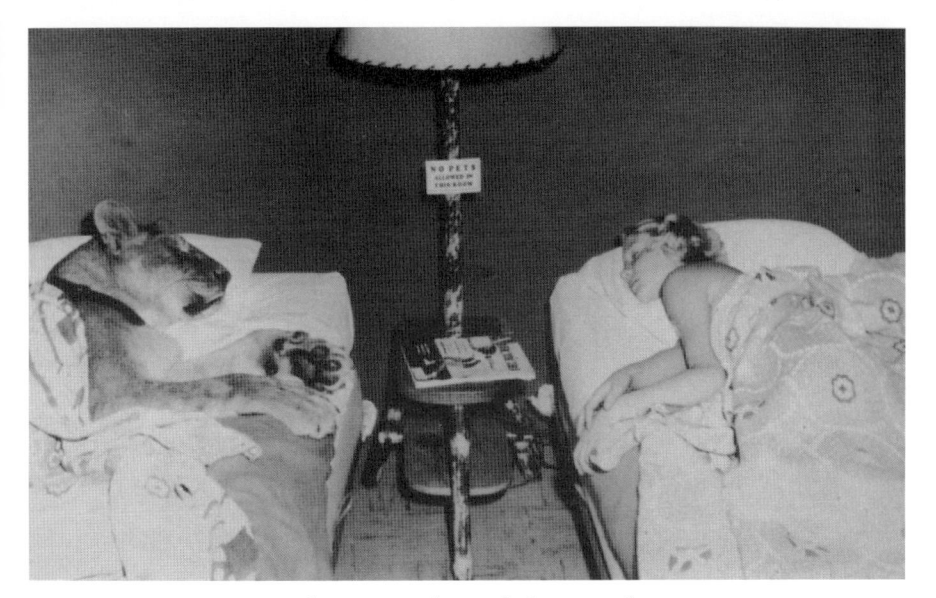

Tyke era uma hóspede bem-vinda.

satisfeito enquanto limpava do rosto a saliva da leoa. Mas a satisfação durou pouco porque ela queria de todo jeito a retribuição do seu afeto. Obrigou-o a esgueirar-se de cá para lá, na tentativa de fugir dela, enquanto percorríamos uns quatrocentos quilômetros pelas montanhas.

Oásis de Amor

Em casa ou viajando pelo país, Little Tyke conservava total e implícita confiança em Margaret e em mim. Se eu achava necessário ralhar com ela, corria choramingando para junto de Margaret; e quando Margaret a censurava, vinha para o meu lado, toda aflita. Quem nunca viveu com um leão deve achar difícil reconhecer que essas formidáveis criaturas podem fazer mais que rosnar, rugir e matar. Essas criaturas emitem inúmeros sons quase imperceptíveis com os quais se fazem entender por aqueles que as conhecem.

Gosto muito dos animais selvagens. Eles têm um sétimo sentido bem mais apurado que o dos domésticos e até que o do homem; e, ao contrário da crença de muitos, não têm aversão pelo ser humano. Ao longo dos séculos em que subjugamos os animais hoje chamados "domésticos", nossas proibições anularam completamente sua iniciativa e eles se tornaram meras bestas de carga ou prisioneiros dóceis de nossos caprichos e desejos. De um modo geral, perderam a intuição original que ainda prevalece nas criaturas da selva. Nós, tão orgulhosos do poder da nossa mente, percorremos também o mesmo caminho até perder a capacidade intuitiva que outrora possuíamos.

Não existe nenhum animal ou ave incapaz de se confraternizar afetuosamente com o homem. Você, morador da cidade, só precisa ir ao lago mais próximo e alimentar os patos selvagens ou ao parque e dar comida aos gamos tímidos para descobrir essa verdade.

Mas por que estão na natureza e são chamados de "selvagens" pelo homem? Não por causa de seus instintos "bestiais", e sim porque o homem aprendeu a mutilá-los e destruí-los, obrigando essas indefesas criaturas a refugiar-se nas florestas em busca de proteção. Ali, sem a abundância de alimento que brota nos campos, acabaram por se devorar uns aos outros, assim como o homem já fez e fará caso as circunstâncias o arrastem a uma situação de trágica penúria.

Se você fosse perseguido por um psicopata sedento de sangue e soubesse estar prestes a ser morto sem motivo, não se defenderia? Mas então, segundo sua própria lógica, teria de ser chamado de "selvagem". Os animais da selva não são selvagens; apenas sentem medo do homem e do que o homem lhes fez.

Ah, que boas lembranças temos do tempo em que caminhávamos pelas margens viçosas do rio e pelas campinas floridas em companhia de Little Tyke! Olhando agora para trás, posso entender como um de nossos principais correspondentes de guerra, voltando da frente de batalha, se sentiu ao escrever a nosso respeito: "Ele e sua esposa tentaram criar um pequeno mundo próprio onde o medo não tem lugar; um minúsculo oásis de amor onde o leão e o cordeiro se deitam lado a lado em paz (...) Ali, a única disciplina é a do afeto e da liberdade. Não há motivo para

Tyke e Margaret gostam de passear ao ar livre.

matar". E, voltando à realidade, acrescentou: "Não importa qual seja o desfecho do experimento, eles criaram na fazenda Hidden Valley, por um curto espaço de tempo nesta era perturbada, um mundo de duzentos acres sem guerra, sem fome e sem medo. E ainda que se trate apenas de uma breve trégua entre aquelas amáveis criaturas e o homem, valerá a pena nos lembrarmos dela". Que repouso deve ter sido para ele estar aqui bem longe do sibilar das granadas sobre sua cabeça, da explosão mortal das bombas e dos brados lancinantes dos moribundos!

Lembro-me também do tempo em que percorríamos as trilhas de campina em campina, com os animais se juntando e seguindo nossas pegadas. Houve momentos de ansiedade enquanto esperávamos notícias do nosso filho. Chegou então a mensagem de que ele fora declarado desaparecido nas ilhas do Pacífico. Sofremos muito, naquele ambiente tranquilo, constatando que o mundo avassalado pela guerra e o nosso próprio estavam no mesmo planeta.

Em nossas muitas viagens à praia, eu ficava observando Margaret e Little Tyke brincando na areia enquanto as ondas enormes iam e vinham. Gostava de vê-las em meio aos troncos trazidos pelas ondas. E, enquanto caminhavam pela areia úmida, eu pensava: "Eis uma cena que combina bem com o nome deste oceano, 'Pacífico'!"

Quando íamos para o sul, Little Tyke adorava passear ao amanhecer pelos campos escassamente pontilhados de touceiras de artemísia. Foi ali, uma manhã, quando o sol surgia no horizonte e começava a lançar sombras compridas e silenciosas, que ela me surpreendeu afastando-se e em seguida saltando sobre mim de seu "esconderijo" atrás de uma moita, que mal encobria um bicho do tamanho de um gato doméstico. Enquanto ela de novo se afastava para continuar a brincadeira, tentei segui-la ou à sua sombra com os olhos, mas não consegui. Para enorme satisfação de Little Tyke, ela sempre me enganava.

Em pleno deserto, visitamos as plantações de tâmaras. Ali as árvores, crescendo muito juntas, proporcionavam um dossel verde e fresco sob o qual podíamos caminhar à sombra. A colheita ia a pleno vapor e os mexicanos empenhados no trabalho juntavam os frutos sumarentos do alto de suas precárias armações de madeira enquanto outros, no chão, esvaziavam os cestos cheios em caixas, levando-as depois para os caminhões que esperavam. Ao som de suas canções, prosseguimos em nossa agradável jornada. Não atinamos com a cena bizarra que exibíamos até a gritaria nos fazer parar. Em segundos, os trabalhadores desapareceram como num passe de mágica, mas ainda os ouvíamos tagarelando como corvos no alto das palmeiras e de olhos arregalados para a estranha visão aqui embaixo.

Gostar ou não gostar de pessoas é reação instantânea na maioria dos animais, mas acho que esse sentido é amplificado no cérebro dos leões. Lembro-me de que, quando descia correndo a rua para ir ver Margaret no hospital, tendo Little Tyke uns poucos dias de vida, ela ora corria para um passante, ora tentava esfregar o focinho em outro. Ao longo de toda a sua existência, parecia perceber os pensamentos mais íntimos das pessoas e, se não gostava delas, desviava o olhar ou as ignorava completamente, como só um gato pode fazer. Numa fração de segundo eu conseguia adivinhar se ela iria gostar de alguma ou não. Quando não gostava, suas pupilas se estreitavam e ela se recolhia a uma indiferença verdadeiramente felina. Por outro lado, caso apreciasse alguém, seus olhos serenavam e ela rolava na grama ou lambia-lhe as mãos. Em presença de um cavalheiro, apertava-lhe a mão; e em presença de uma dama, beijava-lhe gentilmente as pontas dos dedos.

Quando Gloria Swanson (a estrela de cinema famosa por seu interesse no vegetarianismo) visitou a fazenda pela primeira vez, quis brincar com Little Tyke no gramado como se acariciar aquele grande gato fosse para ela uma rotina.

Homens e mulheres de todas as condições e de todas as partes do mundo acabavam de algum modo aparecendo na fazenda Hidden Valley para ver a bizarra criatura. E, embora o primeiro olhar à enorme leoa às vezes os fizesse hesitar por um momento, quase sempre murmuravam reverentemente: "E o leão se deitará ao lado do cordeiro".

Numa dessas ocasiões, uma articulista de revista feminina saiu de sua esfera para dizer: "Ontem à tarde passeei pelos jardins da fazenda Hidden Valley com uma leoa africana adulta ao meu lado e não tive medo!"

Câmera! Ação!

Um produtor de um dos maiores estúdios cinematográficos de Hollywood consultou-nos sobre a possibilidade de fazer uma arriscada cena de deserto com Little Tyke aproximando-se de uma criança. Essa seria a cena principal do filme. Mas, para o cauteloso produtor, era uma impossibilidade. "Se Little Tyke correr para a criança, parará antes de causar-lhe dano?", perguntou ele ansiosamente. E, sempre considerando a cena impossível, acrescentou: "Supondo-se que ela faça todas essas coisas maravilhosas, que criança aceitaria participar?" E, como que para esquecer de vez a ideia, prosseguiu: "Mesmo que encontrássemos uma disposta a fazer a cena sem medo, haveria esperança de que os pais consentissem?"

Naquela noite conversamos com uma menininha loura e seus pais a respeito da possibilidade de tê-la para os testes de filmagem. A garota sentiu medo a princípio, mas, brincando com Little Tyke, foi ganhando confiança na gentileza do grande gato.

No dia seguinte, bem cedo, fomos para o deserto, onde as dunas movediças se confundiam lindamente com o brilhante céu matinal. Ali montamos o equipamento de filmagem enquanto a menina e seus pais brincavam com

Little Tyke. Após checar tudo, caminhei pelas areias macias e mandei a leoa deitar-se e permanecer quieta. Colocando a menina perto da câmera, pedi-lhe que tirasse os sapatos e cobrisse brincalhonamente os pés despejando areia entre os dedos. Segundo o roteiro, ela estava sozinha no deserto. Ao ouvir um rosnado distante, voltaria a cabeça, olharia por alguns instantes e retomaria a brincadeira. Ao som de um segundo grunhido, pegaria os sapatos e se afastaria na direção oposta, olhando ansiosa por cima do ombro. Tão logo ouvisse claramente o rugido de Little Tyke, correria para salvar a vida.

Pedi aos pais da menina que não fizessem nenhum barulho. Se gritassem, Little Tyke não ouviria minhas ordens e, na confusão, poderia cair pesadamente sobre a garota.

Solicitando à menina que iniciasse a brincadeira, acenei para que Little Tyke se arrastasse em sua direção e rosnasse; ela se aproximou cada vez mais rápido e, com um rugido, avançou realisticamente contra a pequena fugitiva. Num segundo cobriu a distância que as separava e, dando um último salto, projetou-se no ar e caiu sobre a menina, envolvendo a ambas numa nuvem de areia. Os próximos minutos foram uma eternidade para os pais ansiosos, que esperavam a poeira baixar; mas sua confiança em nós e em Little Tyke aumentou quando viram a pequena esgueirar-se ilesa de sob o enorme corpo da leoa.

Fiquei tão envolvido com a ação realista da cena que, hoje, me pergunto como pude manejar a câmera. Vi a menina estender a mãozinha para o pescoço de Little Tyke enquanto se levantava e depois, sacudindo a cabeleira cacheada, acariciar a enorme criatura e observar afetuosamente: "Sua boba! Caiu sobre mim com mais força do que devia!" Pousou então a mão no pescoço da leoa e partiram ambas para uma duna distante, conforme pedia o roteiro.

Mal pude acreditar que a cena estava pronta e não precisaríamos repeti-la! Mais tarde, na sala de projeções do estúdio, produtores e diretores ansiosos não podiam crer nos próprios olhos. Para alguns, tinha sido um grande risco; eu, porém, com a confiança ganha por viver tanto tempo com aquela gentil criatura, sabia exatamente o que Little Tyke faria.

No Zoológico

Um dia, o administrador do zoológico onde Little Tyke havia nascido pediu-me que a levasse até lá para ver se ela reconheceria os pais. Era um fim de semana chuvoso e sabíamos que não haveria muitos visitantes. Fomos diretamente para a jaula dos leões. A mãe e o pai de Little Tyke nada significavam para ela, que não parecia perceber neles nenhum sinal amistoso.

Caminhou para junto de uma cacatua que esgoelava em seu tom roufenho, perto da jaula dos macacos. Aquilo aparentemente a aborreceu e ela se voltou para a saída, na extremidade oposta do edifício. Quando eu girava a maçaneta, Little Tyke ajudou-me a abrir a porta com sua enorme cabeça. Uma mulher, do lado de fora, também erguia a mão para a maçaneta e, como estava alguns degraus abaixo, as duas ficaram cara a cara. Com um grito de terror, a boa senhora saiu correndo ladeira acima, enquanto dois homens, na base da escada, ficavam paralisados.

A mais ou menos cem metros de distância, a mulher, já sem fôlego, parou para olhar para trás. Adivinhei, pela expressão de seu rosto, o que ela estava pensando. Achava que os leões haviam escapado e um deles corria em seu encalço para obter uma boa e fresca refeição. Mas logo pareceu aliviada ao notar que a leoa não se aproximara dela. Sei que não devia ter rido, mas a cena era tão engraçada que não pude me conter. Sentei-me nos degraus, segurei Little Tyke e convidei a mulher a voltar, garantindo por gestos que a leoa era mansa. Mas ela apenas acenou negativamente e desapareceu por trás da colina.

Da jaula dos leões atravessamos o gramado e fomos até o grande lago onde patos, gansos e orgulhosos cisnes flutuavam magnificamente. Little Tyke estirou-se para observar o espetáculo com muito interesse, como sempre fazia quando avistava criaturas novas da selva.

Um garoto veio correndo pelo gramado e, para nosso espanto, agachou-se na frente da leoa. Ali, esquecido de tudo à sua volta, ficou olhando nos olhos de Little Tyke como se aquele sempre houvesse sido seu local secreto de encontro com a enorme e mansa criatura. As pessoas que se haviam juntado à nossa volta permaneciam em silêncio, ouvindo os sussurros suaves do garoto a conversar com Little Tyke, que parecia entender tudo. Escutei-o dizer: "Preferia ter você do que um cachorro!" E, cada vez mais excitado, reafirmou seu amor: "Preferia ter você do que *dez* cachorros!" Seus narizes quase se tocavam e a formidável leoa só tinha ouvidos para aquele amigo impulsivo. Enquanto nos preparávamos para partir, vi o garoto passar os braços à volta do pescoço de Little Tyke e, como se achasse não ter provado suficientemente seu amor, murmurar-lhe com lágrimas nos olhos: "Little Tyke, preferia ter você do que *um milhão* de cachorros!" Uma foto que

"Preferia ter você do que *um milhão* de cachorros!"

tirei deles ilustrou com alarde a primeira página do jornal local e tem lugar garantido em nossas lembranças.

Caminhando para o estacionamento onde havíamos deixado o carro de Little Tyke, deparamos com um congestionamento de trânsito e uma multidão de gente curiosa. Ao passar por um dos carros, ouvi uma jovem exclamar: "Ah, como gostaria de ser fotografada ao lado dessa bela leoa!" Era uma voz inusitadamente agradável, de modo que eu, com um "Pois então venha e façamos isso", aproximei-me — para descobrir que a moça era deficiente física. Num impulso, abri a porta do carro e a peguei nos braços sem hesitar, levando-a para o gramado onde se achava Little Tyke. Jamais esquecerei sua radiante expressão quando encostou o bonito rosto no pelo macio da leoa.

Antes de entrarmos no carro de Little Tyke, paramos por um momento diante da jaula de Butch, o grande urso pardo. Butch ergueu-se nas patas traseiras e enfiou uma pata por entre as grades, tentando alcançar Little Tyke, que ficou olhando-o pensativamente.

Quando deixávamos o zoológico, o administrador perguntou-me se eu não queria outro pupilo. Uma corça, no cercado, recusara-se a cuidar de seu novo filhote. Um olhar à criaturinha faminta e trêmula bastou para nos deixar cheios de piedade. Colocamos no carro aquele novelo de perninhas esticadas e finas, e voltamos à fazenda Hidden Valley, onde nosso primeiro cuidado foi preparar uma mamadeira quente para o novo hóspede, sob o olhar satisfeito de Little Tyke.

Graças à fartura de comida e zelo constante que Margaret não negava a nenhum morador da fazenda, o bichinho logo se transformou numa imponente corça. Como não tinha mãe para preveni-la contra os perigos do homem e da floresta, ela logo aprendeu a gostar de nós e a misturar-se aos outros animais.

Chamamo-la "Baby" e foi com imenso deleite que a vimos brincar e passear com Little Tyke, Becky (que era agora uma ovelha plenamente adulta) e nossos outros numerosos protegidos. Baby, orgulhosa ao caminhar elegantemente com aquelas pernas esguias, apressava-se a saudar-nos e a esfregar o focinho em nosso rosto. A meu ver, se o Departamento Estadual de Caça desse a qualquer indivíduo interessado permissão para criar um gamo, milhares e milhares de pessoas deixariam de caçar essas gentis, indefesas criaturas, e de ferir ou mutilar outras muitas, que precisam arrastar-se para longe a fim de agonizar sem anestesia. Bela coisa sermos esportistas quando os inocentes é que pagam a conta da dor!

Talvez aqui seja conveniente eu dar um conselho amigável aos amantes de animais que gostariam de criar um leão de estimação. (Nunca me refiro a Little Tyke como um animal de estimação, pois ela era uma magnífica e nobre criatura, predestinada a fazer o homem parar para pensar.) Não criem leões — nunca! O homem é um animal medroso e a reação de medo pode ser selvagem. Medos incontáveis serão um obstáculo no caminho de vocês. Como exemplo, cito o seguinte extrato de um jornal: "Há algum tempo, Kansas City assistiu a uma das mais estranhas execuções que se possa imaginar: a de Zimba, um soberbo leão africano. Zimba crescera na casa de seu dono. Tímido e manso, vivia como um gato doméstico, dormia junto ao fogo e só comia alimentos cozidos. Mas por fim as autoridades forçaram o dono a mandá-lo para um zoológico. Durante um mês, o leão de estimação ficou chorando num canto de sua jaula. Fugia aterrado quando outro leão se aproximava, mas queria a atenção de qualquer ser humano que passasse por perto. Então o dono decidiu que não havia lugar no mundo para seu amado animal: ele não conseguia viver com leões e não lhe permitiam viver com homens. Assim, sob o protesto de centenas de pessoas, o dono ordenou a execução de Zimba (...) Zimba brincou alegremente com seu dono e o veterinário. Entrou tranquilamente na câmara de gás. Depois, adormeceu — morto pelas únicas criaturas vivas a quem não temia".

Experiências cruéis como essa, agravadas pelo estrondejar de aviões de caça sobre a cabeça, convencem-nos de que nem tudo é tão agradável neste mundo como era na fazenda Hidden Valley, onde aves e animais podiam vagar livremente, sem o confinamento das jaulas.

O Desfile

Na primavera, nosso festival dos narcisos acontece nas cidades vizinhas, com mais de cinquenta carros alegóricos belamente decorados participando. Foi numa dessas ocasiões que nos perguntaram se Little Tyke podia figurar no carro de uma entidade beneficente. Aquilo era uma aventura nova e pus-me a refletir sobre o caso. Resolvi aceitar se pudesse usar um dos caminhões pesados da fazenda, no qual ela já havia viajado muitas vezes.

O chassi foi remodelado para a ocasião e decorado com milhares de narcisos. Na traseira dessa montanha de flores erguemos um magnífico trono dourado e nele instalamos a "rainha", uma garota de 11 anos ladeada por dois guardas de honra empunhando lanças. Das mãos da garota pendiam rédeas igualmente douradas presas à coleira de Little Tyke. Eu iria embaixo. Pedi que fizessem uma abertura para que eu pudesse subir à plataforma caso alguma coisa desse errado ou as três crianças ficassem com medo no alto daquela enorme massa deslizante de mais de quatro metros de altura.

Subimos todos no veículo para iniciar a longa jornada de mais de seis horas por três cidades. Sentei-me sobre a capota do caminhão, bem embaixo da parte frontal do

Um leão de verdade para o Lions Club.

carro onde ia Little Tyke. Quando olhei para cima, constatei que a abertura não tinha mais de dez por dez centímetros. Pedi a um dos trabalhadores que me passasse uma serra e, apressadamente, comecei a alargar uma brecha por onde pudesse espremer meu corpanzil de cem quilos. Um olhar aguçado poderia ver a ponta da serra abrindo caminho furiosamente pela madeira enquanto percorríamos as ruas.

Por frestas dos lados do carro eu via as pessoas olhando, como se não pudessem crer que aquele animal selvagem estivesse, em carne e osso, lá em cima junto com as crianças. Mas para Little Tyke, a valente artista, aquela era uma experiência nova. Gostava dos aplausos estrepitosos, entremeados de elogios amáveis endereçados a ela.

De vez em quando, virava-se para escancarar as mandíbulas num largo bocejo. Um tanto ofuscado pelos raios do sol que incidiam diretamente nos meus olhos, vi Little Tyke encolher-se, mas não dei atenção a isso. A ansiedade cedera lugar ao orgulho satisfeito. Entre uma cidade e outra, parávamos para dar água e leite frio a Little Tyke, mas somente quando percorríamos as ruas da última é que percebi a leoa saltar como que afligida por uma dor súbita e intensa. No momento seguinte ela tentou desesperadamente entrar pela abertura da qual eu havia saído, pondo fora a cabeça e os ombros. Mas logo o desfile terminou e eu subi na plataforma onde ela estava.

Nós a levamos para sua cabina, onde lhe demos uma bem-merecida refeição. Enquanto Little Tyke comia, subi ao carro alegórico para ajudar a descer a sorridente "rainha" e seus dois guardas galantes. Encontrei um punhado de ervilhas secas e feijões no lugar onde Little Tyke estivera. Foi fácil concluir: aqueles eram apenas alguns dos mísseis, disparados por atiradeiras de moleques, que haviam atingido o alvo. Depois uma testemunha me contou ter visto um deles mirando Little Tyke com uma espingarda de ar comprimido, de uma janela do segundo andar. Estremeci à ideia do que poderia ter acontecido se a leoa houvesse tentado saltar do alto do carro. Caso tivesse a sorte de não quebrar uma perna, alguém sem dúvida entraria em pânico e acabaria com ela.

Nos anos seguintes, muitos foram os convites para que Little Tyke figurasse em carros alegóricos, mas, lem-

A primeira leoa a figurar como copiloto de um helicóptero.

brando-me do perigo que ela correra no único desfile de que havia participado, eu sempre recusava com um leve sorriso. Little Tyke obtivera o primeiro prêmio, mas isso não bastava para que de novo arriscássemos sua vida.

Ainda assim, muitos acontecimentos excitantes e interessantes resultaram daquele desfile. Fomos convidados a jantar com os diretores da entidade beneficente, a quem Little Tyke garantira o primeiro lugar — vitória que eles nunca tinham conquistado antes. Little Tyke e eu percorremos as ruas movimentadas da cidade e entramos no hotel, onde o elevador nos levou rapidamente para o décimo andar. Ali, posamos para fotos exclusivas com os principais membros. Deram-nos um cheque em troca de nossos trabalhos, que eu imediatamente endossei e encaminhei para a Children's Orthopedic Hospital Guild.

Em meio à festa, chamaram-nos ao vizinho Forte Lewis, onde Little Tyke participou da inauguração do serviço de helicópteros. O cético piloto estremeceu ao ver a leoa subir a bordo e tomar assento a seu lado. Mas, à medida que as câmeras iam ficando à distância e as hélices barulhentas levavam o estranho par para cima, o medo desapareceu. Aviões, elevadores e helicópteros eram desafios empolgantes para Little Tyke, que sempre encarava uma experiência dessas como a primeira.

Primeira Neve

Acostumar o leão ao clima da região norte do país é rotina nos zoológicos, mas tentar acostumar uma criatura dos trópicos a montes de neve é outra história. A primeira neve de Little Tyke caiu quando ela já era uma leoa plenamente adulta. Quase que posso vê-la saindo timidamente do quarto aquecido para nos seguir num giro pela fazenda enquanto fazíamos as tarefas naquela fria manhã. Ela testou com a pata enorme o lençol branco e escorregadio que cobria a paisagem até onde a vista alcançava. Recuou instantaneamente, sacudiu os flocos das patas e olhou na direção da casa. A tentação para nos acompanhar em nosso trabalho era grande demais, porém, de modo que, com um grande salto, avançou pela camada branca. Abrimos-lhe caminho por algum tempo, mas logo ela rolava na neve como se este fosse seu brinquedo há anos.

Os cavalos e as vacas pareciam contentes por nos ver. Eles nos seguiram em fila indiana até os galpões onde se alimentavam. Bonnie, a mula, exigia toda a nossa atenção e teimava em liderar o rebanho, escoiceando. Zurrava e escavava a neve recém-caída, como para monopolizar todo o nosso afeto. Little Tyke deitou-se e mergulhou profundamente na neve ao lado da trilha, parecendo estar contando seus amigos um por um. Depois, nos galpões, apreciou imensamente a deliciada mastigação dos animais, seguindo-nos pelas manjedouras até se encarapitar no alto de um monte de feno.

Margaret sugeriu um passeio no ar gelado da manhã. Tanto bastou para que Litlte Tyke saltasse de seu monte de feno. Aprendêramos que nunca deveríamos pronunciar a palavra "passear" senão a sério. Para a leoa, uma promessa quebrada era um enorme desapontamento, de modo que palmilhamos a margem do rio e a floresta de árvores cobertas de neve naquele país das maravilhas hibernal. Metemo-nos por três trilhas diferentes, como se explorássemos a fazenda Hidden Valley pela primeira vez. O termômetro baixara quase a zero grau; o som dos blocos de gelo se entrechocando no rio ecoava em meio às árvores enquanto caminhávamos. A certa altura Little Tyke hesitou, olhou para as águas geladas e sacudiu uma pata, informando que estava com muito frio. Ante essa advertência, voltamos para casa. Agora ela avançava contente pelas trilhas já conhecidas.

Terremoto

Certo dia, estava eu muito ocupado no pátio da fazenda, plantando camélias, quando ouvi o grito dos pavões. Olhei para cima e os vi rodopiar loucamente nos ares, enquanto os faisões e as galinhas procuravam se enfiar pelas frestas da cerca. Arizona Kid, um de nossos cavalos de corrida, relinchou do pasto vizinho. Bufava e escoiceava, e, de repente, rolou no chão como que tomado de dores excruciantes. Little Tyke surgiu de trás de um dos galpões e arremeteu em minha direção com todo o seu peso de mais de 150 quilos. Margaret, de olhos arregalados, gritava na soleira da porta da casa e notei, pela primeira vez, que as edificações e chaminés dançavam e se inclinavam contra o horizonte. Do outro lado do rio, na direção do povoado, pude ver tijolos caindo sobre os telhados das casas. E só então percebi que se tratava de um terremoto.

Não foi nada fácil sair de baixo daquela leoa assustada e chorosa, que se agarrava a mim em busca de proteção contra o desconhecido. Gritei para Margaret ficar longe dos prédios, que ameaçavam ruir. Em segundos tudo acabou, mas levamos meia hora para acalmar a criatura tremendamente assustada. Depois, percorremos a fazenda, falando mansamente com os animais e acariciando-os

Os animais da fazenda Hidden Valley não tinham medo de Tyke.

um por um, à medida que se aproximavam para buscar o afeto de nossas mãos.

Então meus pensamentos voltaram à infância, quando, no colo da minha mãe, ouvi pela primeira vez estas célebres palavras da Bíblia: "E dominai sobre os peixes do mar, e sobre as aves do céu, e sobre todo animal que se move sobre a face da terra" (Gênesis 1:28). Essa autoridade soberana sempre foi um desafio para mim, porquanto o poder — ou o direito — de mandar e controlar deveria ser exercido para proteger e confortar as criaturas em tempos difíceis. A experiência que acabo de relatar foi uma demonstração de sua confiança em nós, em nossa capacidade de tranquilizá-las e banir seus medos.

Foi então, creio eu, que compreendi plenamente esta verdade: onde não há medo, não há selvageria. A leoa me procurara para que eu a acalmasse num momento de susto. Algumas pessoas tinham previsto que, após uma experiência desse tipo, Little Tyke ficaria frenética e "reverteria ao estado selvagem". E com certeza, quando atingisse a maturidade e entrasse no cio, destruiria tudo à sua frente para encontrar um parceiro.

Quis fazer aos tais profetas algumas perguntas, mas desisti, sorrindo. Raciocinei: se eu fosse à África e um leão me trucidasse, isso seria chamado de "selvageria"; mas, se eu invadisse seus distantes refúgios e abatesse essas nobres criaturas, estaria praticando "esporte". Haverá algo mais tendencioso? Se um animal acuado luta pela vida, nós, bípedes hipócritas, gritamos: "Selvageria!" Mas analisemo-nos pelos mesmos parâmetros. Gastamos boa parte de nosso tempo e energia nos campos de batalha, atormentando e destruindo nossos semelhantes. Dos últimos três mil anos de história, menos de 225 decorreram em paz; os outros foram de ódio do homem contra o homem, de matança insana e feroz. De fato, temos sido as piores bestas que jamais caminharam sobre a terra, mas ainda assim preferimos ignorar a verdade sobre os bichos da selva.

Que caçador já reparou nos olhos castanhos do cervo moribundo, com o sangue a escorrer da boca e os pulmões dilacerados? Ali de pé, gostaria o caçador de trazer de volta os derradeiros momentos preciosos da vida do animal? Não, claro que não, pois irá devorar com gosto a carne de um ser cuja única defesa são seus cascos ágeis — ágeis, mas não o bastante para escapar ao projétil.

Em seus raríssimos momentos de remorso, o homem talvez venha com o álibi de que essas criaturas (embora não se protejam com a selvageria), se deixadas à solta, proliferarão de tal maneira que as plantações serão destruídas. Esse álibi não resistiu à prova do Kruger Park da África do Sul, instalado em 1906 em meio aos protestos de que os animais se multiplicariam e arrasariam as fazendas, quando não as vidas humanas.

Segundo o meu entendimento da Bíblia, todos os bichos eram mansos e dóceis no começo. Mas então veio o bisneto de Noé, Ninrode, que na época era o mais vil governante já visto. Não se contentou com os prazeres usuais da vida e saiu em busca de outros. Tornou-se um formidável caçador e matou incontáveis animais, tirando vidas que não podia substituir. Os bichos ficaram com medo e buscaram locais de refúgio. Se você achar que eles não têm a mesma sensibilidade dos homens à dor, tente picá-los levemente com um alfinete e veja se não reagem como você reagiria. Com a nossa matança (chame-a "esporte" ou coisa que o valha), ajudamos a disseminar o pânico entre os animais. E quando eles, acossados, lutam pela vida, dizemos que são "selvagens".

Um relato de jornal depõe cruelmente contra os chamados seres "humanos": "O Departamento Estadual de Caça, há algum tempo, possuía um casal de ursinhos negros que exibia em várias feiras do interior, como parte do espetáculo. Naturalmente, os filhotes foram crescendo até que, findo o circuito das feiras, ninguém sabia o que fazer com eles. Nenhum zoológico se interessou. Todos tinham os ursos de que precisavam. Então alguém sugeriu soltá-los em Okanogan, onde haviam sido exibidos pela última vez. 'Os caçadores darão um jeito neles!', foi a ideia geral. Assim, dois dias antes do início da temporada de caça, soltaram-nos. Ora, durante meses os ursos haviam sido alimentados pelo homem e, do homem, era só o que conheciam. Após dois dias comendo muito pouco do que se poderia chamar alimento saboroso, um deles foi avistado por um caçador. Aos berros, o animal desceu correndo a colina na direção do homem. Diria "Estou com fome!" caso soubesse falar. O excitado caçador finalmente o abateu a alguns passos de distância. E, entrando na cidade com o troféu, disse que fora atacado pelo urso, história que logo se espalhou. Foi durante muito tempo um segredo bem-guardado — mas agora contamos o que realmente aconteceu!"

Onde estão o espírito esportivo, a justiça, a decência e o jogo limpo dos homens?

Puxando um Trenó

Num dia frio de inverno, quando uma fina cobertura de neve recém-caída transformara o vale numa reluzente paisagem hibernal, avistei um garoto das imediações descendo a trilha com seu trenó aos ombros. Havia uma nítida expressão de desapontamento naquele rosto jovem quando ele começou a dizer: "Atrelei meu cão, Pepper, ao trenó na esperança de que ele me puxasse; em vez disso, voltou-se e tentou me morder. Fiquei com muito medo". E em seguida, como quem não queria nada, perguntou: "E Little Tyke, será que ela me puxaria?"

Aquilo me divertiu, mas o olhar sério do garoto exigia resposta. Pensei um pouco, pois ele não era muito autoconfiante. No colégio, fora atormentado pelos colegas de classe até os pais, aborrecidos, resolverem transferi-lo para uma escola paroquial. Eu sabia que o garoto sofria de complexo de inferioridade e estava ansioso para ajudá-lo.

"Vamos tentar", disse eu com um sorriso, e logo acrescentei: "Caso consigamos arrancá-la da frente da lareira e da televisão!" Achei que aquilo poderia ser um passo rumo à solução de seu problema, infundindo-lhe a confiança necessária. Tomei então o garoto pela mão e o conduzi até a casa.

Ali acordei Little Tyke e pus-lhe a coleira. Aquela seria realmente uma nova aventura. Em momentos de excitação, ela já me puxara com todo o meu peso pela trela — mas concordaria em arrastar um trenó como uma besta de carga? Apanhei uma câmera e saímos para a neve, onde mandei Little Tyke parar e amarrei duas pequenas cordas aos lados de sua coleira. Enrolei-as à volta da alavanca de direção do trenó e entreguei as pontas ao garoto. "Segure firme que elas não escaparão de suas mãos", recomendei, enquanto fotografava aquela cena estranha.

Tirei a primeira foto e me abaixei para rodar o filme. Quando ergui os olhos, não pude acreditar no que via. Little Tyke caminhava a passos largos e majestosos, como se estivesse gozando cada instante da aventura, enquanto o garoto ria com gosto. Apressei-me a bater várias fotos, pois aquele era mais um "começo" histórico e inacreditável. Mais tarde, revelei os negativos em meu quarto escuro e ampliei-os. Chamei então um amigo jornalista e, no dia seguinte, orgulhoso e agradavelmente surpreso, vi o fruto de meus esforços ilustrando a primeira página de um jornal da maior cidade de nosso Estado.

No outro dia, a Associated Press pegou a história e espalhou-a pelos quatro cantos do mundo. As cartas começaram a chover, pedindo confirmação daquela cena inusitada. Muitas eram para o garoto, aos meus cuidados. Uma equipe da CBS Television telefonou de seus escritórios em Nova York e perguntou se poderia filmar o incrível acontecimento. Quando os técnicos chegaram com o equipamento, a fina camada de neve se derretera, de modo que fomos até as montanhas próximas para poderem fazer o filme. Nunca me esquecerei da expressão do garoto ao saber que a cena seria transmitida pela televisão de costa a costa. No final o locutor, Douglas Edwards, observou: "Você não acredita nisso? Eu também não acreditava até ver com meus próprios olhos".

Belas cartas continuaram a chegar em grande número e com elas o garoto montou um volumoso álbum, que incluía fotos de jornais do mundo inteiro. Logo passou a ser considerado uma celebridade e um herói. Sorri ao perceber a verdade oculta: houve ali mais que *um* milagre.

Uma Apresentação Pública

Durante toda a vida de Little Tyke, filmei esse maravilhoso animal e suas notáveis aventuras. Os filmes eram para nosso acervo pessoal, a ser apreciado com o passar dos anos. Ocasionalmente os mostrávamos a amigos em visita e, uma vez, numa reunião pública.

Depois disso, choveram pedidos de perto e de longe. Mas não podíamos nos permitir fazer cópias nem arcar com os custos de aplicar trilha musical, narração e efeitos sonoros aos filmes. Além disso, projetar repetidamente o original iria danificá-lo. Havia muito trabalho na fazenda e, o mais polidamente possível, declinávamos dos convites.

Um jovem, encarregado das obras sociais de sua faculdade, telefonou-me várias vezes por quase dois anos até finalmente prometermos exibir o filme mudo e apresentar Little Tyke após o espetáculo. Ele teria que fornecer os microfones, a música, o encarregado da projeção e o dinheiro para pagar minhas despesas. Concordou imediatamente e marcamos a data.

Na faculdade, encontramo-nos com o diretor e vistoriamos a entrada do palco por onde introduziríamos Little Tyke. O auditório tinha capacidade para 2.500 pessoas sentadas, que começaram a chegar às seis e meia da tarde. Margaret quis saber que outra atração seria exibida aquela noite e ficou perplexa ao ouvir que Little Tyke e o filme seriam a única.

Bem antes do início do espetáculo, que seria às oito, a casa já estava cheia — incluindo as balaustradas, peitoris de janelas e corredores. Aquilo era novidade para Margaret, que mais perplexa ainda ficou ao saber que eu não preparara uma palavra sequer para a narração. Ficou sentada no carro com Little Tyke, esperando a dica para levá-la até o palco e colocá-la num sofá, onde a luz de um refletor as iluminaria após a projeção do filme.

Explicar os quadros foi fácil, pois me lembrava bem dos momentos em que tirara as fotos, e a música suave do órgão lhes dava grande realce. Na cena em que Little Tyke e a ovelha comiam e brincavam juntas, citei a profecia da Bíblia. Fiquei atônito ao notar, da sala de projeção, a quantidade de lenços enxugando as lágrimas de muitos espectadores.

Terminado o filme, nem precisamos dar a dica para Margaret, pois os aplausos foram ensurdecedores. Quando as cortinas se abriram e o refletor iluminou o sofá, dirigi-me com orgulho e satisfação ao vasto público.

Acabara de dizer "Boa noite" quando o inesperado aconteceu. Centenas de crianças e adolescentes subiram para o palco. Bengalas e muletas se perderam na confusão enquanto até bebês eram trazidos para tocar a grande criatura. Corri ao microfone mais próximo, temendo que Little Tyke rolasse brincalhonamente para cima de alguma criança. Implorei várias vezes que abrissem caminho para podermos atravessar a multidão esfuziante até o nosso carro.

Depois do que me pareceram horas, conseguimos sair pela porta do palco e mergulhar rapidamente na escuridão. Mas, ali, centenas de outras pessoas se tinham aglomerado, obrigando-nos a avançar penosamente para o carro. Enquanto Little Tyke se acomodava em sua cabine, um garoto quase sem fôlego correu para Margaret, que estava ao meu lado, e exclamou com voz entrecortada: "Achei que não poderia tocá-la, mas quando ela entrou no carro estiquei o braço e a acariciei!" Seus olhos bailavam de alegria quando desapareceu na noite.

Dias depois recebemos uma carta do diretor da faculdade que dizia, a certa altura: "Não temos palavras para agradecer sua gentileza em visitar nosso *campus* com Little Tyke no último sábado à noite (...) Ali sentados, admirados com o dia a dia de Little Tyke e com a beleza da vida na fazenda Hidden Valley, onde o medo é desconhecido e o amor não tem limites, sentimos a nostalgia do paraíso. Realmente sonhamos com o dia em que o homem baixará suas armas; em que o terror e a vingança deixarão de existir; em que ninguém mais destruirá nem ferirá; em que o leão e o cordeiro se deitarão juntos, conduzidos por uma criancinha. Cumprimentos continuam a nos chegar às dezenas, todos os dias, expressando admiração por aquele programa notável e incrível".

Dois meses depois, outra carta. "Ainda recebemos inúmeras reportagens sobre seu esplêndido programa de outubro último. Segundo alguns observadores, foi o melhor aqui apresentado nos últimos quarenta anos". Li essas

O leão e o cordeiro.

últimas palavras a Margaret sem querer acreditar nelas. Levantei a mão e acariciei Little Tyke. Sentia-me orgulhoso e agradecido pelo fato de o filme mudo e a presença de Little Tyke terem agradado tanto àquela gente maravilhosa. Lembro-me também de que, antes de ir para casa, recebemos ainda na faculdade vários telefonemas de cidades e Estados distantes, solicitando nossa visita. Não sei como a notícia do espetáculo e da recepção de que fomos alvo se espalhou tão depressa.

Convites vinham de todos os lados, ao que parecia. Queriam ver o filme e a gentil leoa. Depois de nossa apresentação em Portland, Oregon, seguiram-se novas cartas de cumprimentos. Eis alguns excertos da carta de um homem que nos contatou na ocasião: "Assisti a muitos programas em Portland e outros lugares, mas devo confessar que o seu é diferente. Ao ver o filme 'A Vida de Little Tyke', veio-me à mente a terra gloriosa onde não apenas o leão e o cordeiro, mas todos os animais se deitarão juntos. Quero crer que Deus enviou essa leoa singular como uma lição objetiva para induzir quantos a virem a mudar sua mentalidade. Também me parece bastante providencial que ela tenha sido instalada em sua casa, pois onde mais, neste vasto mundo, encontraria tanta compreensão? O programa teve muitos pontos altos — mas o melhor foi quando as cortinas se abriram para mostrar uma cena viva, sua esposa e Little Tyke juntas no sofá. Imaginem! Uma leoa enorme, fora da jaula, sem amarras, sem coisa alguma, controlada e guiada pelo poder da ternura e do amor!"

Houve tantos pedidos de fotos de Little Tyke ao lado da ovelha que imprimimos milhares delas, enviando-as pelo preço de custo. Em várias ocasiões elas se esgotaram e sugeri então que os interessados anotassem seus nomes numa folha de papel e eu providenciaria a remessa, podendo o pagamento ser feito depois que recebessem as fotos.

De novo, alguns trechos de uma das centenas de cartas que se seguiram: "Recebemos sua bela foto da leoa com a ovelha e peço desculpas por ter demorado tanto a enviar o dinheiro. Tive de esperar o dia do pagamento. Tenho muito orgulho da foto. Quando eu emoldurá-la, Little Tyke dividirá a parede de nossa sala com outro quadro — onde Ele também traz uma ovelha nos braços. É

Jesus. Tenho 28 anos", prosseguia a carta, "mas não me envergonho de dizer que chorei na noite em que vocês apresentaram o filme em Meadow Glade. Eu queria muito abraçar a leoa. O homem tem sido tão cruel com os animais! Gostei que vocês mostrassem ao mundo quanto a ternura pode fazer. Quando a terra se renovar, todos viverão em paz. Espero um dia visitar sua fazenda e ver de novo Little Tyke".

Mais tarde soubemos que um famoso diretor ligado a um dos grandes estúdios de Hollywood se afastou por dois anos para, com seus redatores, preparar um roteiro com Little Tyke, que ele queria levar à tela.

Imp

Chega-se à fazenda Hidden Valley, do leste, por uma estrada tortuosa que desce a colina. Dirigindo por ali certa noite, avistei um objeto escuro e pequeno desaparecendo no fosso ao lado da pista. Deslizava devagar demais para ser uma criatura selvagem, de modo que parei e, de lanterna em punho, vasculhei a relva molhada. Ouvi um miado fraco e lamentoso: era um gatinho preto, encolhido, pingando água naquela noite fria e chuvosa. Devia ter sido jogado impiedosamente de algum carro que passava. Coloquei-o às pressas no bolso de minha jaqueta quente e prossegui caminho até a fazenda.

Aproximei-me da lareira crepitante diante da qual Margaret estava sentada, lendo, e sem nada dizer coloquei-lhe o bichinho no colo. Já tínhamos muitos gatos, por isso apressei-me a explicar que logo de manhã iria ver se algum dos vizinhos o queria. Se ninguém o quisesse, eu o poria a dormir sem dor, sabendo muito bem que Margaret faria de tudo para lhe salvar a vida. Ela prontamente tomou a criaturinha ronronante nas mãos e foi para a cozinha, onde esquentou um pouco de leite. O pobrezinho não fora desmamado e por isso mal sabia lamber o líquido.

Imp encontra um refúgio seguro.

Na manhã seguinte, depois que o sol secou o orvalho, coloquei o gatinho preto no pátio para aquecer-se. Os pavões curiosos foram os primeiros a descobri-lo, emitindo seu chamado rouco e selvagem, como faziam sempre que algum animal estranho se aproximava. O gatinho recuou assustado e transformou-se numa pequena bola preta, enquanto seus olhos se dilatavam e sua cauda se eriçava. Como um projétil, correu em busca de refúgio. Lá longe hesitou por alguns instantes enquanto olhava para Little Tyke, que o tempo todo estivera observando a cena.

E enquanto ela observava a rápida movimentação, com um pulo ágil o gatinho se meteu entre as enormes patas estiradas da leoa. E ali, sob aquela cabeça majestosa, a bolinha preta ficou tranquila. O pavão resmungou alguma coisa, mas logo retomou sua rotina.

Soubemos então que jamais nos separaríamos do gatinho. Depois de farejá-lo rapidamente, Little Tyke constatou que não se tratava de Pinky, mas, movida por seu instinto maternal, lambeu e acariciou a pequena criatura.

Ao crescer, o bichinho se tornou vivaz e travesso. Provocava e irritava os outros gatos, para depois acolher-se no seio de sua formidável protetora. Quando tinha fome, exigia comida com miados altos e arranhões. Se não lhe dávamos atenção, saltava sobre Margaret e continuava insistindo. Procuramos durante muito tempo um nome adequado para ele e por fim concluímos que só podia ser "Imp" [Travesso].

Imp foi ficando cada vez mais ligado a Little Tyke com o passar dos meses e ela retribuía esse amor aceitando pacientemente suas travessuras. Fora Pinky, Imp era o único gato com quem Little Tyke dividia seu alimento. Ele aprendeu logo a chamar nossa atenção arranhando com garras afiadas a grama diante da porta-janela que abria para o pátio. Quando girávamos a maçaneta, entrava como um raio. Seu primeiro dever consistia em farejar as quatro patas e depois o focinho de Little Tyke. Em seguida, enroscava-se contra ela para dormir. Quem afirma precipitadamente que um gato doméstico e um leão não podem se confraternizar deveria ter estado lá para assistir às suas brincadeiras.

Little Tyke percorrendo as trilhas bem atrás de Margaret era uma cena comum para o visitante. Um olho atento perceberia também um gato preto marchando elegantemente entre as patas dianteiras da leoa. Quando esta se esticava toda e aguçava as garras na casca de uma árvore, Imp parecia um anão tentando imitá-la lá de baixo.

Um Grupo de Amigos

Por uma ou outra razão, Little Tyke inspirou homens e mulheres de todas as idades e partes do mundo a escrever milhares de lindas cartas e postais — para não falar dos poemas. Algumas pessoas imortalizaram belas imagens da leoa em tela.

Uma mulher, chegando à fazenda Hidden Valley, declarou a princípio estar com medo de descer do carro; mas cedeu logo à incrível gentileza da nobre criatura, que se aproximou para acariciá-la com o focinho. Mais tarde, dedicou o seguinte poema a Little Tyke:

> Amável, ruiva Little Tyke
> Com seus belos olhos da selva
> Iluminados pela inocência da juventude,
> Mas também pela sabedoria!
> Como poderei agradecer-lhe
> Pelos maravilhosos momentos que passei com você?
> Jamais me esquecerei da emoção
> Quando te vi pela primeira vez.
> Posso sentir ainda seu beijo delicado
> Em minha mão e meu braço.
> Suas mandíbulas abertas, dentes à mostra,
> Sem nenhuma ideia de agressão.

Sua grande e mansa cabeça peluda,
Seus olhos, suas orelhas macias —
Eu poderia sentar-me ali ao seu lado
Sem nenhuma apreensão ou medo.
Oh, mansa e gentil criatura da selva,
Estamos muito distanciadas,
Mas, por uma breve tarde,
Nossas vidas se tocaram e nossos corações também!

Por que Little Tyke fazia as pessoas reagir tão estranhamente? Quando estivemos numa praia da Califórnia em companhia de minha irmã, antes de uma apresentação televisiva, geralmente passeávamos com Little Tyke pelas areias depois da meia-noite, para chamar o mínimo de atenção possível. Ela gostava de correr e golpear as ondas com suas patas grandes e delicadas. Na volta, sempre subia à mureta de quase um metro e meio de altura que ladeava a passarela de madeira.

Foi no regresso de um desses passeios que avistamos um jovem casal sentado no carro ao luar, contemplando o mar revolto. Quando nos aproximamos, o rapaz saltou e caminhou diretamente em nossa direção. Little Tyke parou para observá-lo. Ele não hesitou um segundo: encostando-se tranquilamente à mureta, abraçou-a exclamando deliciado: "Que leoa bonita!" Perguntei-lhe se costumava correr para abraçar leões daquela maneira. Admitiu nunca ter estado tão perto de um antes e muito menos tocado em qualquer deles; mas de algum modo, ao avistar Little Tyke, não sentiu medo, apenas um amor profundo pela enorme criatura.

Na Televisão

Chegara o momento de nos apresentarmos num programa de televisão transmitido de costa a costa. O horário exíguo exigia que as cenas fossem filmadas por partes, o que foi feito "in loco", na bela Beverly Hills, Califórnia. Quando o apresentador Art Baker apareceu, ouvi-o dizer a um dos câmeras, antes de ver Little Tyke: "Parece que hoje vou contracenar com uma leoa africana mansa. Isso me lembra uma história que ouvi antes de deixar o estúdio. Estava um velho sentado na igreja, um sábado, ouvindo o pastor pregar sobre o leão que se deitará com o cordeiro. Quando o pastor concluiu, o velho se levantou e perguntou-lhe: 'A Bíblia diz que o leão se deitará com o cordeiro; mas, senhor pastor, diz também, em alguma parte, qual dos dois sobreviverá?"

Bem, era o que Art pensava de uma leoa mansa — até ver Little Tyke! Durante a primeira cena, em que Little Tyke e Margaret abriam a porta para receber Art, fiquei de lado. Sabia que os primeiros momentos seriam os mais importantes. Que tipo de pessoa era o tal Art Baker e será que Little Tyke gostaria dele? Não foi preciso muito para descobrir. Enquanto Art esperava resposta à sua batida na porta, Little Tyke meteu o nariz para fora quando Margaret abriu. Sem hesitar, ele se inclinou, deu uma pancadinha amistosa na cabeça da leoa e segurou-lhe a pata estendida. Ao final da primeira cena filmada, ouvi-o exclamar para um dos câmeras: "Maravilhoso! Fantástico!"

Da cena seguinte deviam participar algumas galinhas. Senti-me à vontade porque, na fazenda, a leoa convivia diariamente com elas. No entanto, quando as trouxeram, arregalei os olhos: eram quatro pintinhos!

Meus pensamentos recuaram para a única experiência de Little Tyke com esses recém-nascidos em Hidden Valley. Uma galinha e sua ninhada ciscavam pelos gramados que rodeiam nossa casa. Não reparei neles até perceber, mais tarde, que a leoa estava agindo de maneira estranha, com um ar de culpa e beiços cerrados sobre as mandíbulas indubitavelmente abertas. Foi se aproximando furtivamente da casa. Perguntei em tom severo: "Tyke, que é que você tem aí?" Sua boca se abriu e de lá pulou um dos pintinhos que um momento antes eu vira saltitando pela grama. Ileso, bateu as asinhas e fez menção de voar para junto de sua atarantada mãe. Aparentemente, Little Tyke estivera lambendo o bichinho e, com um movimento involuntário da língua, sugara-o para dentro da boca. Com uma dignidade perplexa e maternal, não soubera depois como voltar a afagar o pintinho.

Ocorreria agora seu segundo contato com as pequeninas criaturas. Segundo as instruções para a cena, os quatro pintinhos seriam colocados na grama diante das grandes câmeras, montadas em trilhos semelhantes aos de uma estrada de ferro. "Little Tyke entra em foco, aproxima-se dos pintinhos, hesita diante deles por alguns segundos

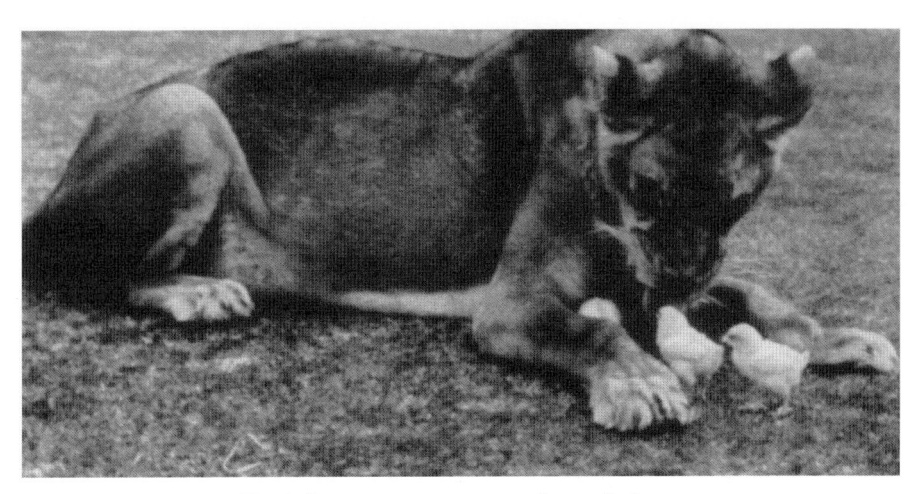

Pintinhos em segurança na boca da leoa.

e sai de cena." Observei: "Ela não é Clark Gable. É uma leoa africana que só viu pintinhos uma vez na vida!"

Veio a réplica em tom irônico: "Então ela não pode fazer isso?"

Era demais para nossa dignidade. Pedi-lhe gentilmente: "Tyke, você ouviu o homem". Para espanto geral, meu principalmente, enquanto as câmeras deslizavam a leoa avançou graciosamente, entrou em foco, hesitou junto aos pintinhos tempo bastante para lambê-los com a ponta da língua e, bocejando como se aquilo a aborrecesse profundamente, saiu de cena. Em seguida, foi se deitar ao lado dos pintinhos, que logo se insinuaram pela pelagem macia de sua nuca. Dois deles puseram as cabecinhas de fora do abrigo de sua nova protetora enquanto observávamos.

Logo depois alguém me trouxe um gatinho persa cinzento com as seguintes instruções: "Little Tyke ficará deitada em primeiro plano e o gatinho, aproximando-se, se enroscará entre suas patas e adormecerá". Não pude acreditar no que ouvia! Ainda assim, numa espécie de estupor, fiquei acariciando o bichinho enquanto a equipe se preparava. Em seguida, coloquei-o na grama, passando-lhe as mesmas instruções — as quais, nem por sonhos, acreditava que seriam seguidas. Pensei desistir e afastar-me, mas, voltando-me, percebi emocionado a pequena criatura, de cauda erguida, avançando diretamente para onde Little Tyke estava deitada. Farejou cada uma das patas da leoa, saltou-lhe sobre a perna dianteira estendida, sentou-se e examinou longamente as enormes mandíbulas, como a dizer "Agora estou seguro!" A dignidade e o amor materno de Little Tyke venceram todos os seus medos. A leoa encurvou uma pata para aconchegar a criaturinha ao peito. Todos olhavam, admirados.

A cena seguinte seria com um cordeiro. Uma escola agrícola fornecera graciosamente dois. No entanto, quando os pusemos diante de Little Tyke para que ela mesma fizesse sua escolha, farejou-os rapidamente e afastou-se, torcendo o focinho. Os cordeiros haviam sido cuidadosamente lavados conforme nossas instruções, pois Little Tyke não gostava de maus odores; todavia, para seu nariz apurado, ainda havia alguma coisa errada. Além disso, os cordeiros só tinham algumas semanas de vida e baliam sem parar porque haviam sido separados das mães. Isso gerou um grande problema. Little Tyke não gostara do cheiro e os cordeiros queriam a proteção materna. Estavam com fome. Tentamos dar-lhes mamadeiras, mas estas eram coisas novas para eles. O gosto do leite de vaca não lhes agradou e não o aceitaram.

Margaret teve então uma boa ideia. "Little Tyke gosta de perfume", disse rindo, enquanto me passava um frasco de colônia. Esfreguei o conteúdo na lã macia de um dos cordeiros e levei-o para perto de Little Tyke. O truque funcionou maravilhosamente e o operador da câmera não teve mais problemas.

Na próxima tomada, Little Tyke puxaria a filha de 7 anos do produtor num carrinho. Não haveria dificuldade se o irmão mais velho não tivesse "instruído" a menina nas semanas precedentes (desde que ela soubera ter sido a escolhida para figurar na cena). A "instrução", segundo me contaram, fora a seguinte: "Espere até ver a leoa pegá-la de jeito no carrinho! Vai se virar e, de uma bocada, você já era!"

Nosso primeiro passo, portanto, foi acostumar a garota com o cordeiro, pedindo-lhe que o abraçasse e acariciasse. Desaparecido o medo do cordeiro, chamamos Little Tyke e ela veio para lamber o animalzinho um pouco mais. O receio da menina logo foi substituído pela confiança e o amor: leoa, menina e cordeiro passaram a brincar juntos no gramado.

Fui até o carrinho da garota e vi que nenhum preparativo tinha sido feito para atrelar Little Tyke a ele. Eu poderia colocar-lhe a coleira, mas como amarrá-la ao carrinho? Olhei em volta e descobri duas varas finas. Liguei-as pelas pontas ao eixo dianteiro do carrinho e à coleira de Little Tyke, enquanto as pesadas câmeras e seus trilhos eram deslocados penosamente para novas posições.

Admirei aquela leoa africana esperando, com a maior paciência, completarmos nosso trabalho em ritmo frenético. Eu sabia também que lutávamos contra o tempo. Tinham nos dado apenas dois dias de "filmagem", três no máximo! Fiz os preparativos finais utilizando uma longa trela como rédea e instalei a menina no carrinho para as últimas instruções. Depois, aguardamos. A equipe ainda não estava pronta e Little Tyke teve de ficar na mesma posição, sob o sol causticante da Califórnia, pelo que me pareceram horas a fio, seu desconforto agravado por uma gripe de última hora. Se ela resolvesse deitar-se, os varais improvisados se quebrariam.

Por fim, a equipe avisou que tudo estava pronto — mas logo surgiu outro problema sério. Little Tyke, por exigência da movimentação das câmeras, teria de puxar o carro ao longo de um caminho pavimentado que descia uma leve encosta. A coleira não possuía tiras por onde a pudéssemos segurar e eu sabia que o carrinho iria bater nos calcanhares de Little Tyke a cada solavanco. Mas ainda assim tentamos e tudo correu bem, exceto por um detalhe: os câmeras se esqueceram de instalar as lentes panorâmicas. Ficaram perto demais para captar a cena toda sem ter de ir e vir o tempo todo entre Little Tyke e a garota. A palavra "repetir" não foi bem recebida nem por nós nem pela pobre Little Tyke. Esperamos mais um pouco até a equipe trocar a lente e se preparar. Agora a leoa parecia ter perdido seu entusiasmo usual, mas foi se arrastando — quando então um cachorro enorme, vindo não se sabe de onde, se pôs em seus calcanhares. Ela girou para se proteger e, com o movimento que fez, os varais se partiram em vários pedaços.

"Repetir a cena" não foi uma expressão muito bem-vinda.

A menina continuou calma, como se aquilo fosse rotina para ela; mas Little Tyke já dava mostras de cansaço. Entre uma tomada e outra, vagava por ali, cheirando as flores ou procurando a sombra. O sol estava terrivelmente quente e ela se acostumara ao clima mais fresco do Estado de Washington. Tentamos dar-lhe alguns períodos de descanso, mas um gato grande na verdade nunca descansa e recupera as energias após um curto "cochilo". Leões e outros felinos são muito diferentes da família canina. Os gatos se deitam em qualquer lugar e dormem muito, mas os cães podem correr o dia inteiro.

Ao notar o nariz e as patas de Little Tyke anormalmente quentes, pedimos que nos liberassem pelo resto do dia. Fomos logo lembrados de que câmeras e equipes de filmagem custam muito dinheiro, de modo que prosseguimos. Terminamos o filme em oito horas — um feito que, soubemos depois, estava programado para dois ou três dias. Na última cena, Little Tyke não respondeu como de costume e compreendemos que ela estava adoentada.

Fomos de novo para a casa da minha irmã na praia e, durante a noite, a secreção constante nas narinas de Little Tyke comprovou a doença. Pelas semanas seguintes, nós a mimamos o máximo possível. Dentro de quinze dias precisaríamos aparecer num programa de televisão ao vivo, transmitido para todo o país e baseado no filme que acabáramos de fazer. Neste ínterim, milhares de pessoas ficaram sabendo do paradeiro da leoa e pediram para vê-la. Outras nem sequer pediram: apenas pularam a cerca de madeira. Em consequência, Little Tyke não teve a chance de se recuperar conforme desejaríamos.

Chegou o dia do espetáculo e fomos instruídos a comparecer seis horas antes do início para ensaiar várias vezes caso necessário. O calor do verão sulino, que ia em meio, era terrível e as luzes do palco mais terríveis ainda. Entre um ensaio e outro, procurávamos alguma sombra nos cantos do estúdio para que Little Tyke pudesse descansar um pouco; mas, aonde quer que fôssemos, encontrávamos multidões de admiradores e curiosos.

Chegada a hora do espetáculo real, Little Tyke sentia calor demais para tomar seu lugar no palco. Seríamos a última atração, de modo que o diretor nos permitiu permanecer nos bastidores, onde a temperatura era mais amena. Lembrando hoje o episódio, admiro-me da confiança que Little Tyke inspirou à equipe durante sua estada de três semanas em Hollywood. Os técnicos sabiam que, se alguém "pisasse na bola" ou Little Tyke se recusasse a entrar em cena no momento certo, a rigorosa cronometragem a que deve obedecer um espetáculo ao vivo iria para o espaço e a rede nacional montada a um custo enorme seria um desastre.

Enquanto Margaret, Little Tyke e eu aguardávamos nossa deixa nos bastidores, pequenos receios me acudiam à mente e faziam meu coração disparar. Mera tolice, porém, uma vez que no instante exato Little Tyke avançou confiantemente entre mim e Margaret, passando pelas câmeras pesadas, os microfones e o emaranhado de fios que serpenteavam pelo estúdio. Ali, tomou seu lugar entre nós dois, no sofá. Tentou dizer a Margaret que não estava bem e precisava descansar; mas não havia tempo para isso e o calor estava forte demais. Contudo, mesmo nessas condições adversas, saiu-se bem, como verdadeira artista que era.

Na abertura do espetáculo, Art Baker apanhou uma Bíblia e leu estas emocionantes palavras: "O lobo e o cordeiro se apascentarão juntos, e o leão comerá palha como o boi" (Isaías 65:25).

Little Tyke atuou maravilhosamente o tempo todo e, no encerramento, o produtor executivo me perguntou se eu permitiria ao público que acompanhava as cenas no monitor de um estúdio adjacente entrar para assistir ao espetáculo. Ficamos ali plantados até que todos os produtores, técnicos e espectadores apertassem nossas mãos. Aparentemente, precisavam assegurar-se de que Little Tyke era mesmo real.

Sabendo que a saúde da leoa estava em risco, logo depois do espetáculo, rematado por uma onda impressionante de cumprimentos, fomos para o carro de Little Tyke, que ostentava seu nome em letras cromadas de cada lado, e rumamos diretamente para Washington, a quase dois mil quilômetros de distância, onde sabíamos que ela conseguiria descansar bem. Dirigi por 26 horas, só parando o tempo suficiente para comer e reabastecer, até atravessar com um suspiro de alívio os portões da fazenda Hidden Valley.

Em casa, Little Tyke foi ficando mais forte e passou a comer com gosto. Mas ainda havia secreção em suas narinas, que sempre limpávamos. Era estranho ver aquela enorme leoa africana caminhar para Margaret como uma criancinha e pedir que ela lhe removesse o muco. Sabia que Margaret sempre tinha um lenço limpo à mão.

Recebemos vários convites para exibir o filme "A Vida de Little Tyke" e apresentá-la ao vivo, mas, como queríamos que nossa protegida se recuperasse completamente, declinamos todos. Vagar pela fazenda ou apenas dormitar ao sol tinha sido até então um tônico para a bizarra criatura, mas agora ela reagia mais lentamente. Durante a viagem e as duas primeiras semanas em casa, perdeu muito peso, que entretanto recuperou quase todo nas três seguintes.

Ela tinha aprendido a acionar a buzina do carro quando queria sair a passeio. Fazia-o comprimindo o focinho contra o volante. A cada buzinada olhava timidamente em volta e rosnava de contentamento. No entanto, para evitar a fadiga, os passeios eram curtos.

O estúdio em Hollywood informou-nos de que a resposta à aparição de Little Tyke nas telinhas fora tão esfuziante que, no entender deles, sem dúvida nenhuma ela ganharia o maior prêmio do ano. Algumas cartas endereçadas ao estúdio foram repassadas a nós na fazenda. Uma delas, escrita para Art Baker de Yonkers, Nova York, ainda permanece em minha memória. Eis um trecho:

"Caro Art: Nada me fez mais feliz que sua evocação do leão e o cordeiro. Ajudou-me a acreditar na Bíblia. Os donos deveriam apresentar Little Tyke [aos líderes mundiais], dando início a um movimento pela paz".

Muito admirei a habilidade dos produtores e diretores do programa. De algum modo conseguiram, vendo as imagens de Little Tyke que reuni ao longo de toda a sua vida, captar os detalhes mais importantes naqueles curtos momentos na televisão!

Numa noite de julho, após um dia agradável, Little Tyke relutantemente abandonou a lareira e o televisor e foi para seu quarto às nove e meia. Na manhã seguinte, quando fui acordá-la, ouvi-a gemer de dor. Não conseguia levantar-se nem sair da cama. Pedi que Margaret chamasse os veterinários. Voltei-me e vi que a leoa se pusera de pé por alguns instantes e me seguira até o gramado, onde desabou. Acredito firmemente que ela sabia estar chegando ao fim e queria que seu benfeitor, em quem acreditava sem hesitação, a tivesse por perto em seus derradeiros e preciosos instantes de vida.

Morreu pacífica e serenamente em meus braços na fazenda Hidden Valley, no gramado de que tanto gostava e onde me sentei acariciando-lhe a magnífica cabeça.

As pupilas de seus doces olhos se dilataram e depois se contraíram, enquanto ela emitia aqueles suaves e ansiosos murmúrios que só Margaret e eu compreendíamos. Ouvi o barulho do carro dos veterinários subindo a calçada; mas já então Little Tyke suspirava mansamente e adormecia.

Sucumbiu ao vírus da pneumonia, doença que contraíra algumas semanas antes enquanto trabalhava duro, mas de boa vontade, em Hollywood. A mudança súbita de clima fora demais para ela.

Parte II

As histórias nesta seção foram escritas para a edição revista de Little Tyke, a cargo de Margaret Westbeau Gaia e seu filho Cal Cantrill. Margaret foi a principal treinadora e protetora de Little Tyke, bem como sua companheira mais próxima. Além de ter tido uma longa carreira como renomada fotógrafa retratista, Margaret sempre esteve envolvida com animais, cuidando de muitos deles por anos, com a ajuda de Cal. Repartiam seu amor e afeição por todos, mas especialmente os da fazenda Hidden Valley em Auburn, Washington, o local que foi o lar de Little Tyke.

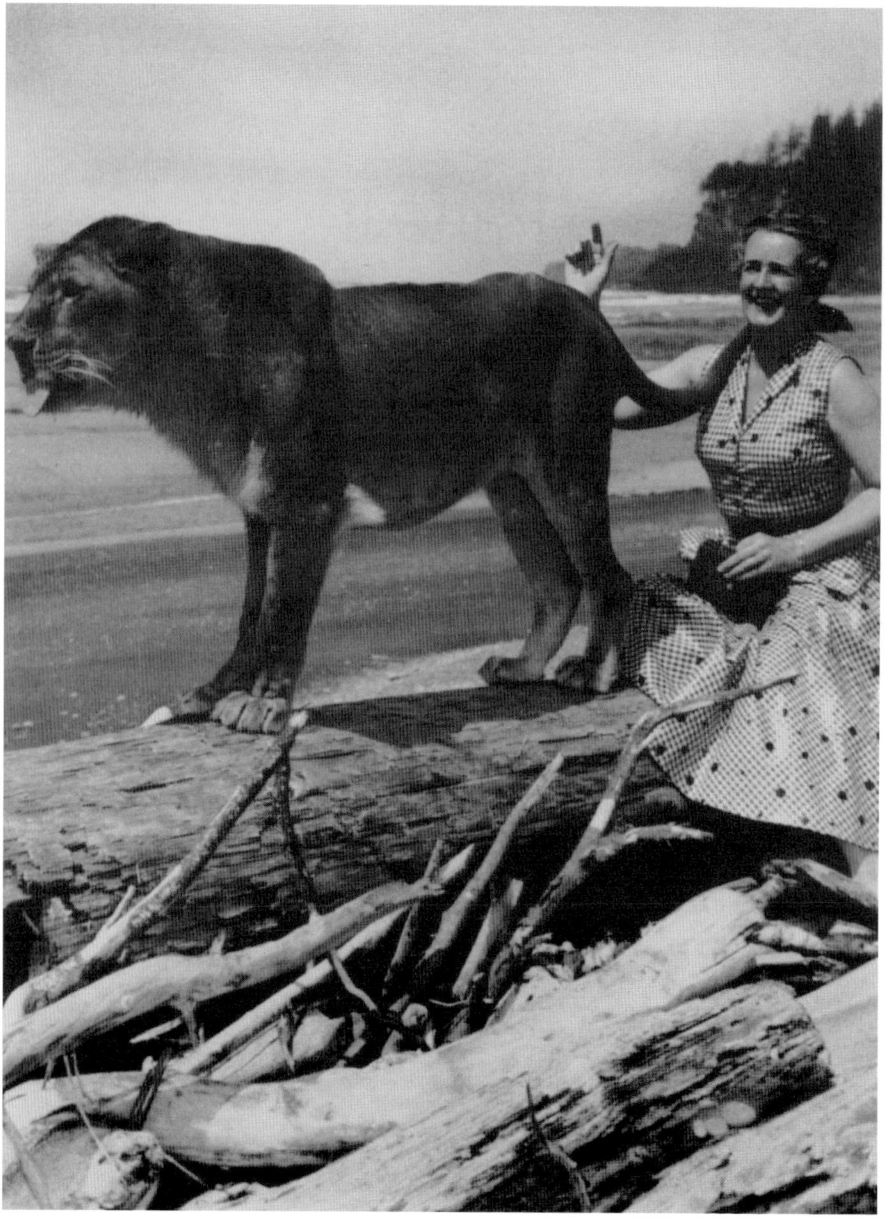

Ensinando a Obedecer

Como uma criança ou um cão, Little Tyke aprendeu a obedecer a diferentes vozes de comando — tom suave para o elogio, um pouco mais firme para a ordem etc. As pessoas podem dar palmadas numa criança ou bater com o jornal num cachorro, para controlá-los ou repreendê-los. O mesmo não se aplicava a Little Tyke: não se espanca nem se machuca uma leoa de mais de 150 quilos.

Tyke tinha lá suas oscilações de humor — confiante, desobediente, agressiva, travessa e teimosa. Não eram ocorrências diárias; mas aconteciam às vezes e por isso tínhamos de descobrir uma maneira qualquer de controlá-la nesses períodos sem castigos severos, que ela não entenderia. Nunca lhe batíamos. Então, qual seria a solução?

Sabíamos que ela só gostava de água para beber — nada de mangueiras, de baldes, de copos mesmo vazios. Caminharia um quilômetro para desviar-se de um brejo. Bastava ameaçar exibir-lhe um dos objetos acima que ela, na maioria das vezes, entendia e renunciava às travessuras.

Também não gostava de vassouras. Não fazia diferença o tipo ou mesmo a parte da vassoura — espanador, de cabo longo ou até uma única cerda. Certa vez consegui sossegá-la agitando uma folha comprida de grama. Ameaçá-la com água ou qualquer dos objetos acima significava obediência imediata. Assim, ficou fácil controlá-la.

Em diversas ocasiões, quando tínhamos visitas, eu mantinha escondido delas um espanador. Tudo se podia esperar de Little Tyke. Era travessa e importuna, de modo que sempre devíamos nos preparar para o imprevisto. Se você tivesse medo dela, a leoa logo percebia e passava a atormentá-lo. Envolvia seus pés com as patas e mordiscava suas pernas (sem machucar). Podia também dar palmadas ou apoiar as patas dianteiras, com todo o seu peso, nos ombros do convidado. Fazia isso a todos quantos se mostravam pouco à vontade com ela. Algumas pessoas não aceitavam muito bem esses gestos de carinho e então era hora de acenar com uma vassoura ou um balde.

Se a pessoa se aproximava dela sem medo, acariciava-a e falava-lhe, Little Tyke a deixava em paz, como se dissesse "Você não é nada divertido" e ia tirar um cochilo ou continuar o que estava fazendo antes.

Mencionei uma folha de grama. Uma grande amiga minha e de Little Tyke resolveu dar um curto passeio comigo rio acima. Não tinha medo da leoa, mas esta estava de bom humor e resolveu apoquentá-la. Vinha-lhe por trás e agarrava-lhe o tornozelo, quase a derrubando. Eu disse: "Tyke, não!", mas ela continuou agarrando, primeiro os pés, depois os ombros da minha amiga. Como detê-la? Arranquei uma longa folha de grama e esfreguei-a no focinho de Little Tyke, ordenando-lhe com firmeza: "Agora, basta". O resto do passeio decorreu sem mais incidentes.

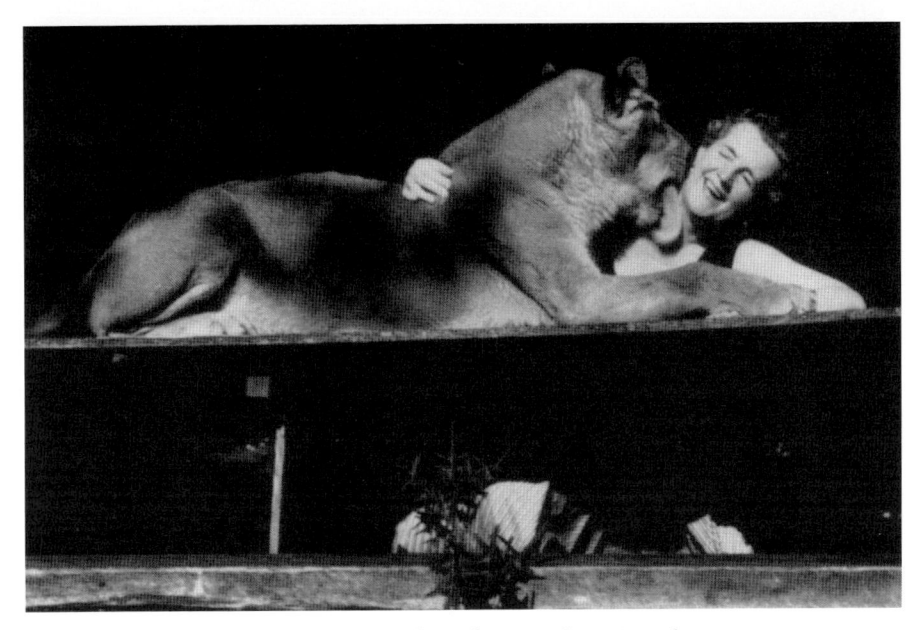

Não se bate numa leoa de mais de 150 quilos!

Nunca fui de dar ordens a ninguém. Meu filho, quando pequeno, costumava dizer: "Mamãe, é gostoso fazer coisas com você. Encara tudo como brincadeira". Ocorria o mesmo com Little Tyke. Eu conseguia controlá-la recorrendo a diversos expedientes.

Certa vez, comprei uma colcha bonita e cara. Tyke sabia que não lhe era permitido deitar-se nela, mas um belo dia entrei em casa e a vi dormindo profundamente em minha cama. Ela parecia muito confortável ali, devo admitir, e não gostaria por nada de sair daquele paraíso que acabara de encontrar. Caso eu tentasse puxá-la, ela se firmaria com as garras e pode-se imaginar o que aconteceria com a colcha. Assim, pensei: "Está bem, garota. Vou dar um jeito em você". Sua curiosidade era incrível; queria ver e conhecer tudo. Portanto, caminhei para a porta da frente e fingi que estávamos recebendo visita. Gritei: "Olá, seja bem-vindo! Entre. Como tem passado?" Devo ter interpretado bem a cena porque Little Tyke não se conteve. Uma visita, ah, que coisa boa! Saiu correndo do quarto e voou porta afora.

Onde estava a visita? Ficou desapontada, mas não me censurou — e minha colcha foi salva.

Costumavam perguntar-me, entre muitas coisas, se Little Tyke podia ser ensinada a fazer suas necessidades no lugar certo. Minha resposta era que sim. Bem, no começo isso foi um grande problema. Tentei usar um jornal, como fazia com os gatinhos. Mas Little Tyke exigia muito mais atenção. Coloquei-a sobre o jornal incontáveis vezes, conversando com ela o tempo todo. Finalmente a leoa compreendeu e dali por diante se comportou como uma boa menina.

Viajar já era outra história. Às vezes, era preciso soltá-la nas ocasiões e lugares mais inoportunos. Assim, nas viagens longas, procurávamos parar em todos os locais de descanso ao lado da estrada e deixá-la sair.

Por incrível que pareça, as pessoas não tinham medo dela. Na verdade, às vezes eu até gostaria que tivessem, quando exclamavam: "Oh, vejam, uma leoa de verdade! Encantadora! Posso acariciá-la? Onde a arranjaram?", seguindo-se perguntas sem fim. Aquilo podia ser ótimo para elas, mas me aborrecia porque Little Tyke estava sempre tentando chamar a atenção e ser admirada. Nesses momentos, esquecia todos os seus deveres. Muitas vezes tive de pô-la no carro a fim de nos livrarmos da multidão... apenas para vê-la resolver que, ali bem no centro da cida-

Descansando tranquilamente na praia.

de e naquele exato momento, tinha de sair! Ora, não se solta uma leoa enorme numa cidade. Ela mesma não se incomodaria, mas sem dúvida os regulamentos municipais não o permitiriam e muito menos a polícia.

Criar um leão pode ser problemático, mas Little Tyke era muito diferente dos nossos outros animais. Foi, posso garantir, o bicho mais limpo que já tive.

Vigilância

Eu não fazia ideia do que iria acontecer quando levei aquele bichinho de um quilo e meio para casa. Não importa o valor da experiência, nem por um milhão de dólares eu a repetiria.

Tinha de estar vigilante o tempo todo. Nenhuma companhia de seguros faria uma apólice para a leoa, que afinal de contas era um animal selvagem. O problema era que eu conhecia Little Tyke, mas ignorava o que as pessoas pudessem fazer. Mesmo quando ainda tinha pouco peso e eu a carregava no colo, Little Tyke nutria suas simpatias e antipatias. Usualmente, quando teimava em não gostar de alguém, eu logo descobria que a tal pessoa de fato não era confiável.

Precisava ficar atenta a cada instante quando havia gente por perto — e, acreditem-me, nos fins de semana a fazenda lembrava um parque de diversões cheio de curiosos ávidos por conhecer o estranho animalzinho. Certa vez, estando Little Tyke estirada na relva, um homem pisou em sua cauda. Pedi-lhe que parasse com aquilo e ele explicou: "Só queria saber o que ela faria se eu lhe pisasse na cauda". Outro estendeu a mão e, num gesto rápido, arrancou-lhe um fio do bigode. Por que as pessoas fazem

Bate-papo à beira do caminho.

isso? Sinceramente, não sei. Um visitante admitiu ter ido lá para provocar Little Tyke, ser atacado e processar-me, pensando sem dúvida que eu era rica ou tinha seguro para cobrir o acidente.

Graças a Deus, manter a casa limpa era algo natural para mim. Little Tyke não gostava de maus cheiros ou sujeira, a ponto de, rodeada de pessoas, apontar-me com os olhos ou as orelhas aquela que, digamos assim, não cuidava muito da higiene pessoal. A leoa se ressentia disso. Então, eu me interpunha entre ela e a tal pessoa. Nunca havia machucado nem machucaria ninguém durante toda a sua vida e era meu dever cuidar para que isso jamais acontecesse. Os animais não raciocinam como os seres humanos e, quando algo as aborrece, podem reagir com violência.

Contarei uma experiência que tive ao alimentá-la. Era um dia quente. Sua comida fora preparada na panela branca que ela exigia, sempre bem-lavada e escaldada. Saí com a panela na mão chamando Little Tyke como já fizera milhares de vezes: "Venha, meu bem, está com fome?" Ela se aproximou da panela mas estacou de repente, firmando as quatro patas.

Fiquei ao lado da panela, como sempre. De repente, erguendo-se nas pernas traseiras, Little Tyke emitiu um rugido profundo e avançou para mim. Era bem mais alta que eu. Enquanto, instintivamente, eu levantava a mão para proteger o rosto, uma garra rasgou-me o braço e outra, a perna. Gritei: "Tyke!" Ela voltou ao chão e pôs-se a comer. Foi tudo.

O braço e a perna exigiram pontos. Contei ao médico que fora jogada por um cavalo contra uma cerca de arame farpado. Se acreditou ou não na história, ignoro-o. Mas intrigava-me o motivo de Little Tyke ter feito aquilo. Eu tinha confiança nela, ela tinha confiança em mim e me amava, isso era certo. Então, por que a agressão?

Naquela noite, vendo-a deitada no assoalho, percebi numa de suas patas traseiras uma garra encurvada para dentro e afundando-se na palma. Era aquilo! Quando estacara de repente, a garra penetrara na carne. Sentira uma dor horrível e atacara a primeira coisa que viu pela frente. Não queria me machucar; queria apenas vingar-se da dor.

O problema agora era como cortar a garra. Se eu a levasse ao zoológico, ela seria posta numa jaula minúscula, que a apertaria dos dois lados e lhe impediria os movimentos. Eu calculava até que ponto isso a incomodaria. Se conseguisse, de algum modo, resolver por mim mesma o problema, seria bem melhor. Comprei uma tesoura para cães e consegui aparar a unha encurvada. Desde então, mantinha-a sempre curta para que não voltasse a incomodar. E assim mais um problema foi solucionado.

O Coelho Desaparecido

Ainda filhote, Little Tyke ficou bem grande e saudável graças às suas duas ou três panelas diárias de mingau. Mas os dentes iam crescendo e ela não tinha nada para mastigar nessa dieta. Compramos-lhe uma grande boneca de borracha e colocamo-la na panela, esperando que a mordesse para ajudar no processo da dentição. Após a curiosidade inicial, ela prontamente tomou posse da boneca e sempre a mordia depois de comer.

A boneca foi ficando estraçalhada, de modo que demos a Little Tyke uma bota de borracha pequena e pesada. Esta também foi aceita de imediato. Os dois objetos se tornaram seus. Que ninguém tentasse arrancá-los de Little Tyke, quando brincava com eles. Se isso fosse necessário, oferecíamos-lhe um outro brinquedo, mas ela só com relutância o trocava pela boneca ou a bota.

A boneca não durou muito nos dentinhos afiados de Little Tyke e por isso compramos outra. Não encontrei exatamente a que queria e acabei adquirindo um coelhinho de borracha bem menor. Coloquei-o na panela, no horário da refeição seguinte. Little Tyke observou-o curiosamente por algum tempo, estirou-se e comeu como sempre, mas não tocou no coelho como fazia com a boneca. Porém, em seguida, tirou-o da panela, brincou com ele e se pôs a mordê-lo.

Uma noite, logo depois disso, enquanto lhe preparava a refeição, procurei durante muito tempo o coelhinho para colocá-lo na panela. Não o encontrei em parte alguma. Assim, fui buscar a boneca estraçalhada e Little Tyke se mostrou contente enquanto comia. Voltei a procurar o coelho, mas não o vi mais.

Cerca de quatro ou cinco semanas depois, deixei Little Tyke lá fora para fazer as suas necessidades quando, como sempre, algumas crianças apareceram para admirar a gentil leoa. Um dos garotos gritou, excitado: "Vejam, vejam, ela está tendo um bebê!"

Corri a limpá-la e, para minha surpresa, lá estava o coelho de borracha — não mais com vinte centímetros de comprimento e gorducho, mas com uns 25 ou trinta e o diâmetro de um dólar de prata. Little Tyke evidentemente o engolira ao comer e só agora o brinquedo reaparecia. Por um milagre não tivera uma obstrução intestinal e adoecera!

Por fim, arranjei outra boneca maior e continuei a pô-la em seu prato pelo resto da vida. Mesmo adulta, Little Tyke insistia em que o brinquedo fosse servido com o alimento.

O Pescador

O belo rio Green bordejava aproximadamente três quilômetros da fazenda Hidden Valley e era considerado um dos melhores para pescar com vara em toda a região. Meu filho Cal, ávido pescador, aparecia todos os fins de semana de manhã, nos meses de inverno, para fisgar os esquivos peixinhos. Quase sempre se fazia acompanhar de nossos dois cachorros e de Racci, o guaxinim. Às vezes, quando o tempo estava bom, Little Tyke ia com ele.

Uma manhã, Cal subia as trilhas até a parte superior do rio, com a leoa caminhando a curta distância à sua frente. De vez em quando, atravessavam belas pastagens e entravam no bosque, em direção a um campo que chamávamos de Twin Maples. A trilha volteava ligeiramente e o bosque terminava de súbito diante do campo aberto e do rio que o ladeava.

Tyke já fizera a volta da trilha e por alguns instantes ficou fora da vista de Cal. Ouviu-se então um grito irreconhecível e o barulho de objetos jogados no chão. Ao dobrar apressadamente o caminho, Cal avistou um pescador espremido contra um tronco com os braços em cruz, branco como papel, seu equipamento de pesca espalhado em volta. Little Tyke estava sentada diante dele,

O bonito rio Green cruza a fazenda.

intrigada com todo aquele rebuliço. Cal, em voz baixa e calma, chamou a leoa para perto de si e ela obedeceu imediatamente. O pescador voou na direção oposta como um coelho assustado, ignorando os apelos de meu filho para voltar e sua garantia de que tudo estava bem. Para o pescador não estava nada bem e ele nem quis saber de recolher seu equipamento.

Voltou três dias depois, encontrou-se com Tyke, tomou uma xícara de café, apanhou seus pertences e foi embora para nunca mais entrar na fazenda Hidden Valley. Limitou suas pescarias à margem *oposta* do rio.

Algum tempo depois, na mesma área, Cal avistou dois pescadores do outro lado do rio. Resolveu divertir-se um pouco e usar Little Tyke para pregar-lhes uma peça.

"Tyke", disse ele, "deite-se e fique quieta." Ela obedeceu. Cal se aproximou da clareira e sentou-se à beira da água. Encheu um copo de café enquanto Tyke se estirava ao fundo, fora da vista dos homens. Depois de beber, deitou-se na relva e chamou baixinho Little Tyke. Sabia o que iria acontecer.

Ela veio se arrastando como que a farejar uma presa. Quando penetrou na clareira, os dois pescadores a viram e gritaram: "Um puma, um puma! Bem atrás de você!" Cal se pôs de pé e a leoa atacou. Rolaram ambos na grama, lutaram e brincaram como haviam feito tantas vezes antes. Ora por cima, ora por baixo, Cal agarrou-a pelo pescoço, ela se soltou e pulou sobre ele de novo. Os dois homens estavam atônitos.

"Agora chega, Tyke", decidiu Cal e ela se ergueu, dócil como um carneiro. Ele apanhou seu cesto e sua vara de pescar, e foi subindo pela margem com Tyke ao seu lado.

Pergunto-me que histórias aqueles pescadores contaram e quantas pessoas acreditaram neles.

O Pintor

Tyke adorava passear de carro. Sua posição favorita era sobre o encosto do banco da frente, com a cabeça e as patas para fora da janela do motorista. Nenhum outro lugar lhe convinha.

Imaginem alguém andando pela rua de uma pequena cidade e dando com uma leoa adulta parcialmente dependurada da janela de um carro! Como você se sentiria ao volante, com o vidro descido e aguardando o sinal verde, caso um automóvel passasse a seu lado com uma leoa dentro? Não poucas vezes vidros eram fechados às pressas e pessoas se safavam o mais depressa possível do local, sem crer nos próprios olhos.

Certo dia, meu marido e meu filho foram até a cidade com Tyke em sua pose costumeira. Ao entrar na rua principal, Cal avistou um homem subindo uma escada de pintor e sua mulher embaixo, misturando uma lata de tinta. Quando se aproximaram da casa, a mulher ficou na ponta dos pés para passar a lata ao marido. Então, viu Little Tyke. No tom mais alto de que era capaz, gritou: "Um leão! Há um leão no carro!" O marido, de lata na mão, virou-se estabanadamente na escada para olhar. A escada pendeu para um lado, o marido para o outro e a tinta cobriu-os a ambos.

Espero que ele não se tenha machucado e que a casa tenha sido devidamente pintada.

Atacar!

Tyke gostava de música, especialmente quando eu me atrevia a tocar piano e cantar. Filhote ou já adulta, sentava-se no carpete ao meu lado. Primeiro ronronava e depois gemia, quando não levantava a cabeça e cantava também. Você já tentou superar cantando o rugido de um leão, vibrando dentro de uma sala? Impossível.

Viciada em televisão, seus filmes favoritos eram os de faroeste. Ficava diante da tela por duas horas e só saía quando alguma interrupção lhe despertava a curiosidade. Devia ficar fascinada com os cavalos e os bois, que podia identificar por ter sido criada numa fazenda.

Certo dia, um amigo que voltara há pouco de uma filmagem na África perguntou se podia vir nos mostrar seu filme. Concordamos. Projetor e tela foram instalados nos devidos lugares e a exibição começou, com Little Tyke observando cheia de curiosidade. Afinal, a tela era bem maior e mais realista que a do televisor.

O filme era bonito, mas o inesperado iria acontecer. Numa das cenas, uma manada de elefantes atacava a equipe de filmagem. Num instante as orelhas de Little Tyke se achataram, seus beiços se arregaçaram mostrando as presas enormes e, com um salto vigoroso, ela se chocou contra a tela. Pareceu confusa: para onde tinham ido os elefantes? Após um breve momento de espanto, perdemos a compostura e caímos na gargalhada. Sem dúvida, a gentil leoa queria nos proteger contra aqueles bichos enfurecidos. Mas só o que restou foi uma tela de projeção amarfanhada.

A Vida com uma Leoa

Tudo o que acontecia na fazenda Hidden Valley eram fatos da vida cotidiana, sem ninguém apressar ou forçar nada. Eu saía para dar comida às galinhas e aos pavões — e, quase sempre, Little Tike estava ao meu lado. Os pavões, na hora da refeição, desciam do alto das árvores. Na primavera, incubavam seus filhotes na colina arborizada, mas sempre os traziam para o abrigo da casa até que aprendessem a voar e cuidar de si próprios. Os pavões parecem gostar muito da luz do dia, pois nunca se recolhem ao poleiro antes que desapareçam os últimos raios do sol.

Alimentá-los era apenas mais uma das tarefas diárias. Eu nunca soube o que pensaria de mim e Tyke um estranho que nos visse pela primeira vez. As galinhas e o pavão da Ásia não prestavam a mínima atenção à enorme criatura que vagava entre eles. Mas, se um cachorro de fora aparecia, a confusão era certa: as galinhas gritavam e o pavão voava para o galho mais alto da árvore. Little Tyke permanecia no meio dessas aves o tempo todo. Havia mais de cem pavões andando livremente pela fazenda, mas só a um ela permitia comer em seu prato. Quem tinha essa honra era um macho magnífico, de plumagem azulíndigo. Outros poderiam parecer iguais a ele aos olhos de um estranho, mas não aos de Little Tyke. A leoa o conhecia bem e o pavão, ao que tudo indicava, a compreendia. Mas, estranhamente, era cena comum ver os pardais da fazenda apinhando-se junto ao prato dela e bicando a comida enquanto Little Tyke se alimentava. Embora fosse da família dos gatos, não tinha interesse algum em pássaros como alimento.

Mesmo adormecida, parecia saber o que estava acontecendo e era sempre a primeira a ouvir um carro se aproximando pela alameda. Às vezes, estando ela a dormir em outra parte da casa, eu começava a preparar-lhe o almoço e a esquentar seu leite. Ao terminar, antes mesmo que a chamasse, Little Tyke entrava. Atravessava a cozinha e saía para comer lá fora. Era surpreendente que, mesmo adormecida, soubesse que sua refeição estava pronta.

Eu nunca precisava perguntar a Tyke "Quer dar um passeio?" quando saía com ela pela fazenda. Havia mais de cem acres margeando o rio Green. Era um local isolado, embora se situasse do lado de cá do rio, logo depois dos limites da cidade, e muito bonito. Cavalos e bois pastavam por quilômetros na margem, de sorte que, durante as caminhadas, sempre éramos saudados pelos vários animais e, na volta, muitos deles nos acompanhavam até a casa da fazenda.

Lembro-me de um domingo à tarde em que avançamos bem mais do que de costume e já era hora de jantar. Estávamos ambas cansadas e famintas, com pressa de voltar. Diante de nós se estendia um pasto aberto e, enquanto o atravessávamos, pude ver à distância um carro estaciona-

Descanso após as travessuras.

do na frente da casa. Pensei: "Ah, não, visitas agora não!" Sim, estávamos mesmo cansadas e famintas.

    Imagine o leitor a cena: uma leoa caminhando ao meu lado, seguida por dois cãezinhos, um gamo de estimação, um cordeiro de estimação, um burrico, três pôneis Shetland, cavalos e algumas cabeças de gado Hereford. Na ocasião, parecia que os bichos todos estavam nos seguindo até a casa, mesmo Racci, o guaxinim que se unira a nós na fazenda. Quando me aproximei do carro, vi que estava cheio de gente estranha. A mulher ao lado do motorista subira o vidro da janela, mas, quando Little Tyke e eu nos achegamos, apressou-se a baixá-lo e perguntou-me: "Vocês não têm medo?" Achei graça. Ela contemplava um milagre, uma pretensa besta selvagem e carnívora caminhando no meio de bichos dos quais deveria se alimentar.

A mulher não podia crer no que via. Não foi por acaso que Little Tyke apareceu no "Acredite se Quiser" de Ripley. A bem dizer, estava sempre provando às pessoas que era uma criatura adorável, capaz de retribuir o amor recebido de nós e de todos os seres vivos da fazenda.

Certo dia, visitando amigos na região leste do Estado de Washington, fomos passear com eles pelo pomar de macieiras. As árvores estavam cobertas de flores e o perfume destas flutuava no ar. Little Tyke apreciava imensamente os perfumes, de modo que aquilo tudo era maravilhoso para ela. Após algum tempo, deve ter se cansado e eu não reparei que se afastara. Não costumava sair de perto de mim, mas na verdade havíamos caminhado para bem longe sem nos darmos conta disso.

Nosso anfitrião estava preocupado. Afinal, tinha uma leoa adulta solta em sua fazenda. Confidenciou-me então o verdadeiro motivo de sua inquietude. Amarrara dois bezerrinhos no quintal e temia por sua segurança. Eu conhecia Little Tyke bem demais para me preocupar com isso, mas tinha um receio: uma rodovia cheia de carros em alta velocidade cruzava a fazenda e eu não queria que Litte Tyke tentasse atravessá-la.

Voltamos correndo. Quando nos aproximamos o bastante para avistar o quintal e o pátio, demos com os dois bezerros amarrados. Ali, numa bonita espreguiçadeira amarela, dormitava Tyke, toda esparramada e em sono profundo. Jim não pôde acreditar que ela passara pelos bezerrinhos sem atacá-los e se pusera à vontade em seu local favorito da casa.

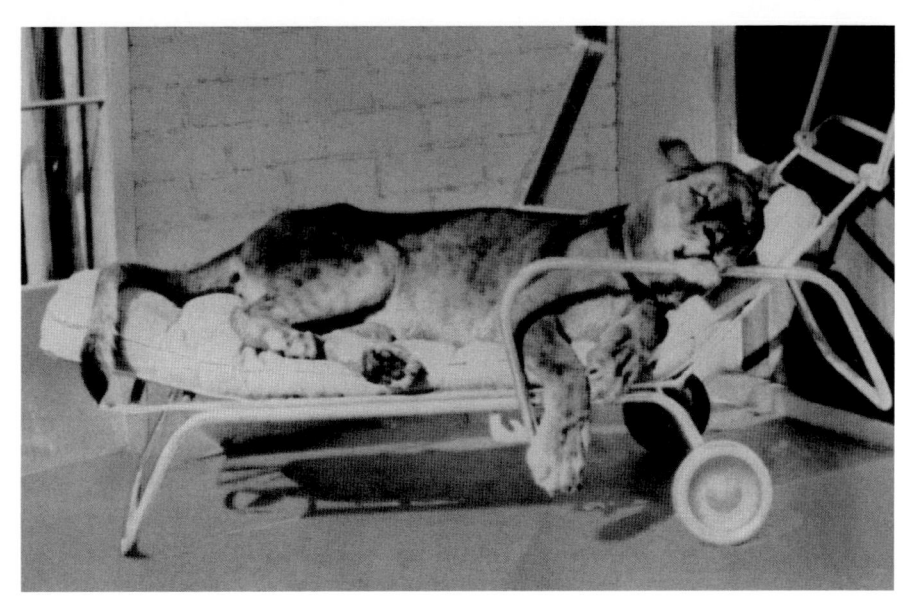

Aproveitando a espreguiçadeira.

Tyke nunca gostou de água e, embora a fazenda fosse ladeada por um rio, não bebia nem molhava os pés nele. Eu enchia de água as mãos em concha e Tyke a sugava. Repetia a operação várias vezes até ela matar a sede. Só quando tinha quase 7 anos é que Little Tyke passou a beber água corrente.

Na Califórnia, no ano em que ela completou 7 anos, costumávamos passear pelas margens do rio San Gabriel. Estava um dia bem quente e me haviam permitido caminhar com ela pelas colinas mesmo no verão. Poucas pessoas tinham licença para frequentar aqueles lugares nessa época do ano por causa do risco de incêndios. Tyke, saudosa da fazenda, gostava das caminhadas.

Devia então estar com muita sede porque, quando paramos, logo começou a beber no rio. Fiquei contente ao ver que ela superara o medo da água. Depois que volta-

"Mal posso esperar pelo Natal!"

mos à fazenda, Tyke passou a descer até o rio para beber, mas, se eu estivesse por perto e lhe desse atenção, ainda preferia minhas mãos em concha.

Muito se discute se os animais conseguem distinguir cores. Estou certa de que Little Tyke distinguia. Se eu punha uma roupa de cor diferente e saía, ela observava e piscava, ainda que estivesse um pouco longe. Em seguida, corria para mim rosnando e se esfregava em meu corpo, satisfeita por constatar que era mesmo eu. Agia sempre assim quando eu mudava de roupa.

Esses são apenas alguns dos muitos incidentes que me ocorrem ao recordar os nove anos durante os quais convivi com esse notável animal.

Epílogo

A vida de Little Tyke terminou. Das inúmeras pessoas que vieram vê-la pouco antes de sua morte, duas eram missionários que haviam passado muitos anos na África. Para seu próprio espanto, não tiveram medo nenhum quando ela tentou brincar com eles no gramado. À noite, pregando em sua igreja, citaram a seguinte passagem da Bíblia: "O amor perfeito anula o medo", a fim de expressar todo o alcance da verdade iluminadora que acabavam de aprender. E a essas admiráveis palavras, acrescentarei nossa filosofia: "Quando não há medo, não pode haver selvageria". Little Tyke respondia ao amor e aos cuidados que lhe devotávamos, tal como os seres humanos refletem apenas o afeto desinteressadamente recebido.

Sentimo-nos um tanto consolados ao evocar o raro privilégio que gozamos em nosso estreito convívio com essa nobre criatura e o amor que ela vertia sobre nós de seu grande coração.

Os milhares de cartões e cartas de simpatia que recebemos nos confortaram. Meses depois da morte de Little Tyke eles continuavam a chegar, alguns trazendo anexados recortes de jornais e revistas de todas as partes dos Estados Unidos e do estrangeiro.

Houve cartas maravilhosas de pessoas maravilhosas e tentamos responder a todas — um monge do Tibete, um médico da Austrália, um inglês da África que administrava a maior mina de diamantes das imediações de Johanesburgo. Ele tivera dois leões como bichos de estimação, um macho e uma fêmea, mas que comiam carne. Antes da idade adulta, mandou-os para um zoológico da Austrália. Ele e a esposa amavam muito aqueles animais e sofreram muito com a separação. Uma jovem escreveu de Illinois dizendo que criara um filhote também carnívoro, que morrera ainda bem novo. Outra mulher, da Califórnia, contou ter criado uma leoazinha, que igualmente morrera com pouco mais de três anos. Sabíamos como essa gente devia ter se sentido. É ruim perder qualquer bicho de estimação, mas, de certo modo, um leão parece mais dependente de nós e acaba fazendo parte de nossa família — mais que qualquer outro animal que já criamos.

Há um advogado eminente em cujo escritório se vê uma grande fotografia de Little Tyke com um cordeiro, símbolo do acordo perfeito. Ali, quando algum casal o procura para divorciar-se, ele mostra a fotografia dos dois seres de naturezas tão diversas, mas deitados alegremente juntos, gozando o amor um do outro. O advogado nos assegura, satisfeito, que essa lição objetiva já teve sucesso em algumas ocasiões.

Dos milhares de cartões e cartas de solidariedade, penso que a seguinte é uma das que mais permanecem em nossa grata lembrança: "Vasculhando papéis velhos em minha escrivaninha, não faz muito, encontrei esta carta a Little Tyke. Nunca foi enviada. No entanto, exprime aquilo que a meu ver é um conceito universal, partilhado com vocês, então e agora, por inúmeras pessoas: 'Onde não há medo há paz, confiança e amizade' — mesmo no reino animal. Little Tyke se foi e muita gente está profunda e sinceramente entristecida; no entanto, seu carinho e imensa gentileza continuarão a existir para aqueles que a consideravam mais que uma leoa — de certo modo, mais que um 'ser humano' —, uma natureza governada pela confiança e o amor. Obrigada por terem permitido conhecê-la pessoalmente. Eu a amava muito e ainda amo".

Aqui está o conteúdo da carta anexada pela remetente, escrita mais de sete anos antes: "Querida Little Tyke: Uma vez, faz anos (mais de cinquenta, na verdade), uma garotinha sentou-se no assoalho de uma velha casa em Ohio e pôs-se a conversar com uma gravura que tinha nas mãos. Era a imagem de uma cabeça de leão, marca de fábrica recortada de uma embalagem de café. A menina conquistara o grande privilégio de brincar com ela, pois a mãe estava juntando aqueles cupons numa caixa de charutos para enviá-los e "ganhar algum presente de Natal" para a filha. Mas prêmio algum, do ponto de vista da garota, podia ser mais atraente que aquele momento de alegria em que "segurava" a cabeça peluda na mão e mirava seus olhos estranhos, exóticos, amistosos! Falava em voz alta à imagem, como fazia com seu cão, os queridos gatinhos e a 'Mocinha", a galinha. 'Amo você', disse ela. 'Algum dia vou tê-la para mim *de verdade*. Algum dia...'

"A menina, então com 10 anos, sua mãe e sua avó se mudaram para longe daquela casa de Ohio em 1902. Tornaram-se fazendeiras pioneiras numa terra de pradarias

"E o leão se deitará com o cordeiro."

vastas e selvagens. O sonho, porém, não se desvaneceu e acompanhou-a até a idade adulta. Na verdade, tornou-se um 'tema' de brincadeira entre familiares e amigos: 'Ah, ela *criaria* um leão se tivesse a oportunidade!' E, mentalmente, a menina — depois mulher — replicava: 'Algum dia eu *criarei*! Algum dia terei como bicho de estimação um leão de verdade!'

"Obrigada, Little Tyke, por ter realizado o sonho de uma vida — o sonho de uma senhora idosa que durou cinquenta anos ou mais. Obrigada por você ser Little Tyke e obrigada, muitíssimo obrigada, a seus protetores: eles souberam criá-la insuflando-lhe confiança nas pessoas que amam os animais.

"... Quero dizer-lhe que nunca um sonho se realizou tanto quanto no momento em que senti sua língua tépida lamber-me as mãos ou pus seus 35 quilos no colo para tirar uma fotografia. Faz muito tempo que não ergo 35 quilos, mas me sinto bastante orgulhosa diante da prova da realização desse sonho de uma vida inteira.

"Porém, há outro sonho em meu coração, Little Tyke — não tão antigo, talvez, porém ainda mais sincero, se tal é possível! O sonho de que o leão um dia se deite com o cordeiro nos corações humanos, como você demonstrou ser viável no mundo animal — onde o medo não existe. Basta, para os homens, as raças e as nações, conhecerem-se entre si, confiarem uns nos outros, compreenderem-se mutuamente como você confia em seus protetores e como seus protetores compreendem você!

"Obrigada de novo, Little Tyke, por ter sido, ainda que por um breve instante, 'o leão de meus sonhos infantis'".

Recentemente, Art Baker escreveu a uma revista popular elogiando Little Tyke. Citamos seu texto tal qual apareceu na seção "Cartas ao Editor" da revista:

"Em 'A Triste História de um Leão Manso', suas imagens de 'Little Tyke' foram um maravilhoso tributo a um animal extraordinário. Ela passou três semanas conosco em Hollywood antes de ser vista em 'Você Pediu', sua estreia na televisão e, infelizmente, sua única aparição ao vivo em rede nacional. A resposta do público mostra que Little Tyke foi uma das figuras mais queridas que se apresentaram no programa aquele ano. Assinado: Art Baker, Hollywood, Califórnia".

Por algum tempo nos enviaram cartas do Hospital Ortopédico Infantil de Seattle acusando o recebimento de dinheiro doado em memória de Little Tyke — dinheiro para ajudar outros bichinhos a melhorar, a se tornar homens e mulheres fortes, saudáveis.

Little Tyke está sepultada num cemitério de animais de estimação, sob uma lápide simples. De vez em quando alguém que ainda se lembra da gentil leoa deposita flores em sua tumba.

Talvez estes versos, enviados depois da morte de Little Tyke, mostrem melhor quanto as crianças a amavam:

"Mamãe", disse meu pequenino,
Quando nos ajoelhamos à noite para rezar,
"Espero que os leões tenham um paraíso
E Little Tyke esteja lá."

Impressão e Acabamento
FARBE DRUCK
gráfica e editora ltda.